Planejamento e orçamento público

COLEÇÃO PRÁTICAS DE GESTÃO

Série
Gestão pública

Planejamento e orçamento público

Francisco Humberto Vignoli
Francisco Rózsa Funcia

Copyright © 2014 Francisco Humberto Vignoli e Francisco Rózsa Funcia

Direitos desta edição reservados à
Editora FGV
Rua Jornalista Orlando Dantas, 37
22231-010 | Rio de Janeiro, RJ | Brasil
Tels.: 0800-021-7777 | 21-3799-4427
Fax: 21-3799-4430
editora@fgv.br | pedidoseditora@fgv.br
www.fgv.br/editora

Impresso no Brasil | *Printed in Brazil*

Todos os direitos reservados. A reprodução não autorizada desta publicação, no todo ou em parte, constitui violação do copyright (Lei nº 9.610/98).

Os conceitos emitidos neste livro são de inteira responsabilidade do(s) autor(es).

Preparação de originais: Sandra Frank
Projeto gráfico: Flavio Peralta
Diagramação: Ilustrarte Design e Produção Editorial
Revisão: Aleidis de Beltran e Fernanda Mello
Capa: aspecto:design
Imagem da capa: © Ginasanders | Dreamstime.com

Ficha catalográfica elaborada pela
Biblioteca Mario Henrique Simonsen/FGV

Vignoli, Francisco Humberto
  Planejamento e orçamento público / Francisco Humberto Vignoli, Francisco Rózsa Funcia. – Rio de Janeiro : Editora FGV, 2014.
  72 p. – (Coleção Práticas de gestão)

  Inclui bibliografia.
  ISBN: 978-85-225-1467-0

  1. Orçamento. 2. Planejamento governamental. I. Funcia, Francisco Rózsa. II Fundação Getulio Vargas. III. Título. IV. Série.

                                                    CDD – 352.48

Sumário

Apresentação 7

Capítulo 1. Orçamento público: expressão legal e de relações de poder na dinâmica governamental 9

Constituição brasileira 9
Lei de Responsabilidade Fiscal (LRF) 18

Capítulo 2. Planejamento das ações de governo. 21

Planejamento e sociedade 21
Planejamento público "com regras" 22
Modelo orçamentário brasileiro. 27

Capítulo 3. Execução orçamentária e o princípio do equilíbrio econômico-financeiro. 43

Capítulo 4. Inovação da gestão orçamentária 57

Gestão orçamentária 57
Princípio da transparência e controle da gestão pública 58

Bibliografia. 69

Sobre os autores 71

Apresentação

A Fundação Getulio Vargas (FGV) foi fundada em 1944 com o objetivo de contribuir para o desenvolvimento do Brasil, por meio da criação e da difusão de técnicas e ferramentas de gestão. Em sintonia com esse objetivo, em 1952 a FGV, comprometida com a mudança nos padrões administrativos do setor público, criou a Escola Brasileira de Administração Pública (Ebap). Em seus mais de 60 anos de atuação, a Ebap desenvolveu competências também na área de administração de empresas, o que fez com que seu nome mudasse para Escola Brasileira de Administração Pública e de Empresas (Ebape).

A partir de 1990, a FGV se especializou na educação continuada de executivos, consolidando-se como líder no mercado de formação gerencial no país, tanto em termos de qualidade quanto em abrangência geográfica dos serviços prestados. Ao se fazer presente em mais de 100 cidades no Brasil, por meio do Instituto de Desenvolvimento Educacional (IDE), a FGV se tornou um relevante canal de difusão de conhecimentos, com papel marcante no desenvolvimento nacional.

Nesse contexto, a Ebape, centro de excelência na produção de conhecimentos na área de administração, em parceria com o programa de educação a distância da FGV (FGV Online) tem possibilitado que o conhecimento chegue aos mais distantes lugares, atendendo à sociedade, a executivos e a empreendedores, assim como a universidades corporativas, com projetos que envolvem diversas soluções de educação para essa modalidade de ensino, de *e-learning* à TV via satélite.

A Ebape, em 2007, inovou mais uma vez ao ofertar o primeiro curso de graduação a distância da FGV, o Curso Superior em Tecnologia em Processos Gerenciais, o qual, em 2011, obteve o selo CEL (teChnology-Enhanced Learning Accreditation) da European Foundation for Management Development (EFMD), certificação internacional baseada em uma série de indicadores de qualidade. Hoje, esse é o único curso de graduação a distância no mundo a ter sido certificado pela EFMD-CEL. Em 2012, o portfólio de cursos Superiores de Tecnologia a distância diplomados pela Ebape aumentou significativamente, incluindo áreas como gestão comercial, gestão financeira, gestão pública e marketing.

Cientes da relevância dos materiais e dos recursos multimídia para esses cursos, a Ebape e o FGV Online desenvolveram os livros que compõem a Coleção Práticas de Gestão com o objetivo de oferecer ao estudante – e a outros possíveis leitores – conteúdos de qualidade na área de administração. A coleção foi elaborada com a consciência de que seus volumes ajudarão o leitor a responder, com mais segurança, às mudanças tecnológicas e sociais de nosso tempo, bem como às suas necessidades e expectativas profissionais.

Flavio Carvalho de Vasconcelos
FGV/Ebape
Diretor

www.fgv.br/ebape

Capítulo 1

Orçamento público: expressão legal e de relações de poder na dinâmica governamental

Neste primeiro capítulo veremos que a questão orçamentária se encontra presente nas Constituições brasileiras desde a proclamação da República. Veremos que as mudanças no ambiente político, com movimentos de abertura e fechamento do regime de governo e, por via de consequência, nas relações de poder, proporcionaram avanços e retrocessos na questão da institucionalização de políticas públicas e, nesse contexto, na própria questão orçamentária.

Constituição brasileira

A Constituição Republicana de 1891 estabeleceu a forma republicana de governo e a forma federativa de Estado e determinou, no §1º do art. 34, que a responsabilidade pela elaboração do orçamento caberia ao Congresso Nacional, assim como a fiscalização da execução orçamentária.

A Constituição de 1934 estabeleceu a competência do Poder Legislativo para votar anualmente o orçamento de receita e despesa (art. 39, §2º), determinando que cabia ao presidente da República a iniciativa de elaborar o orçamento, devendo encaminhá-lo à Câmara dos Deputados dentro do primeiro mês da sessão legislativa ordinária (art. 50, §1º).

A Constituição de 1937, marcada pela centralização do poder imposta pela ditadura implantada pelo Estado Novo de Getúlio Vargas, apresentou as seguintes inovações:

- apresentação, pela primeira vez na Constituição Federal, de uma seção específica sobre a elaboração orçamentária, demonstrando a importância do tema;
- criação, junto à Presidência da República e organizado por decreto presidencial, do Departamento Administrativo, que tinha como principais atribuições: organizar, a partir das orientações do presidente da República, a proposta orçamentária a ser encaminhada à Câmara dos Deputados; fiscalizar a execução orçamentária; e organizar, para cada serviço, departamento, estabelecimento ou repartição do

governo federal, o quadro da discriminação ou especialização, por itens, da despesa que cada um deles seria autorizado a realizar.

Em 25 de novembro de 1937, 15 dias após a promulgação da Constituição, foi criado o Conselho Técnico de Economia e Finanças (CTEF), órgão técnico e consultivo do Ministério da Fazenda que tinha, entre outras atribuições, a de desenvolver trabalhos que disciplinassem a política tributária e orçamentária, estabelecendo normas de padronização dos orçamentos estaduais e municipais. A consequência

> **DECRETO-LEI**
> **Nº 1.804/1939**
> "Aprova normas orçamentárias, financeiras e de contabilidade para os Estados e Municípios."

direta da atuação do Conselho foi a edição do Decreto-Lei nº 1.804, de 24 de novembro de 1939, que padronizou os orçamentos estaduais e municipais.

Em 30 de julho de 1938 foi criado o Departamento Administrativo do Serviço Público (Dasp), órgão previsto pela Constituição Federal de 1937. Entre as atribuições do Dasp estavam previstas também a elaboração da proposta do orçamento federal e a fiscalização orçamentária, o que na prática não ocorreu, posto que a execução da política orçamentária ficou sob responsabilidade do Ministério da Fazenda até 1940, quando foi criada a Comissão do Orçamento, que, embora subordinada ao ministério, tinha sua presidência exercida pelo presidente do Dasp. Por sua própria natureza, o Dasp desempenhou um papel importante consolidando normas orçamentárias e financeiras que padronizaram os procedimentos dos três níveis de governo.

COMENTÁRIO

Neste momento, destaca-se um aspecto que disciplinaria e condicionaria a questão do orçamento e da execução orçamentária: as regras estabelecidas têm, desde sua origem, uma natureza contábil que, embora necessária e importante em função da padronização e do próprio processo de prestação de contas, acabou por determinar a predominância do aspecto quantitativo na análise das políticas públicas.

Ao longo do tempo, determinou-se a priorização da avaliação da eficiência no uso dos recursos públicos em detrimento da avaliação da eficácia do processo de planejamento e execução de políticas públicas (Vignoli e Funcia, 2012:99). O plano definido refletia-se no orçamento, o qual contemplava os recursos financeiros necessários para sua execução. O Plano Especial de Obras Públicas e Aparelhamento da Defesa Nacional, de 1939, o Plano de Obras e Equipamentos (POE), de 1943, o Plano Salte, de 1950, e o mais importante deles, o Plano de Metas, de 1956, são exemplos característicos dessa fase, embora esses dois últimos tenham sido implementados a partir do restabelecimento da democracia.

A Constituição democrática de 1946 estabeleceu a competência do Congresso Nacional, com a sanção do presidente da República, para votar anualmente o orçamento (art. 65, inciso I), determinando ser responsabilidade do presidente da República enviar a proposta do orçamento à Câmara dos Deputados dentro dos dois primeiros meses da sessão legislativa (art. 87, inciso XVI), não apresentando nenhuma inovação em relação à matéria.

O ano de 1946 foi marcado pelo planejamento-orçamento, em que se detalhavam os recursos financeiros necessários à execução dos planos, apresentando a correlação entre plano e orçamento, o que acabava por servir à função de dar conteúdo racional ao próprio processo orçamentário.

> **EXEMPLO**
>
> O Plano de Ação do governo Carvalho Pinto, implantado no estado de São Paulo em 1959, constitui-se no melhor exemplo dessa fase, sendo também um marco na experiência brasileira de planejamento orçamentário, na medida em que envolveu todas as atividades de competência do estado, subordinando-as a um orçamento para um período de cinco anos. Nesse sentido, o Plano de Ação pode ser considerado o precursor do orçamento-programa, tendo influenciado vários outros planos estaduais, tais como: o Plano de Desenvolvimento Econômico da Bahia (Plandeb), 1960-1963, o Plano de Metas do Governo do Estado de Santa Catarina (Plameg), 1961-1965, o Plano de Desenvolvimento do Paraná (Pladep), 1963-1967, e o Plano de Investimentos e Serviços Públicos do Estado do Rio Grande do Sul (1964-1966).

Algumas mudanças importantes ocorreram no início da década de 1960. Os trabalhos realizados pela Comissão de Estudos e Projetos Administrativos, pela Comissão Nacional de Planejamento e pelo Conselho de Desenvolvimento, por exemplo, deram origem ao Sistema Nacional de Planejamento, estabelecendo que o orçamento deveria constituir a base da ação planejada de governo, dando início à implantação do orçamento-programa no Brasil. A base legal desse processo foi determinada pela promulgação da Lei nº 4.320, em 17 de março de 1964, que instituiu normas de direito financeiro para elaboração e controle dos orçamentos da União, dos estados, do Distrito Federal e dos municípios.

A lei também padronizou o modelo orçamentário brasileiro, o que foi acentuado com a Portaria nº 9, de 28 de janeiro de 1974, do Ministério do Planejamento e Coordenação Geral, a qual introduziu a classificação funcional programática da despesa orçamentária combinada às seguintes classificações:

> **ORÇAMENTO-PROGRAMA**
>
> Instrumento de planejamento feito a partir da identificação dos programas de trabalho, projetos e atividades, do estabelecimento de objetivos e metas a serem implementados, bem como da previsão dos custos relacionados.

- *institucional*: apresentava a despesa classificada por órgão, com seu desdobramento em unidades orçamentárias;
- *econômica*: estabelecia a distinção entre orçamento corrente e orçamento de capital;
- *funcional*: reunia os créditos orçamentários segundo a natureza das funções de governo;
- *por programas*: vinculava as despesas aos resultados, expressos em unidades físicas, esperados;
- *por objeto no nível de elementos*: especificava a composição dos gastos necessários para cada programa, permitindo estabelecer o perfil dos gastos públicos – despesas de custeio e despesas de capital.

A implantação do orçamento-programa coincide com o período ditatorial, com a predominância do Poder Executivo e a exclusão do Poder Legislativo do processo orçamentário e com a centralização, no Executivo Federal, da definição de normas, regras e classificações do novo modelo orçamentário. E a prova concreta disso é que a Constituição de 1967 determinou, no art. 67, ser da competência do Poder Executivo a iniciativa sobre as leis orçamentárias, inclusive aquelas que criassem ou aumentassem despesas, excluindo do Poder Legislativo essa prerrogativa. Uma inovação importante trazida pela Constituição (parágrafo único do art. 63) foi o orçamento plurianual que deveria apresentar as despesas de capital para um período de três anos e ser posteriormente regulamentado por lei complementar (LC).

Em 25 de fevereiro de 1967 foi editado o Decreto-Lei nº 200, dispondo sobre a organização da administração federal, estabelecendo diretrizes para a reforma administrativa, além de padronizar a forma de organização do setor público, colocando o planejamento como um dos princípios fundamentais de orientação da administração federal e, por extensão, das administrações estadual e municipal. Portanto, conforme os arts. 4º e 5º do Decreto-Lei nº 200/1967, o setor público compreenderia a administração direta, composta pelos órgãos integrantes das pessoas jurídicas políticas – União, estados, Distrito Federal e municípios – e pela administração indireta, composta por pessoas jurídicas com personalidade de direito público ou privado que exerçam funções administrativas – autarquias, fundações instituídas pelo poder público, sociedades de economia mista e empresas públicas.

> **REFORMA ADMINISTRATIVA**
>
> Reforma do aparelho de Estado, que significa mudança nas leis, nos regulamentos e nas técnicas e formas de trabalho da administração pública, visando à melhoria da eficiência e do atendimento às necessidades da sociedade.
> São diversos projetos, dos quais as emendas constitucionais representam apenas uma parte, que serão desenvolvidos com ativo envolvimento dos servidores e participação da sociedade.

Em consonância com a Lei nº 4.320/1964, o Decreto-Lei nº 200/1967 estabelecia ainda, em seu art. 7º, que a ação governamental deveria obedecer a planejamento que estabelecesse o plano geral de governo, os programas de duração plurianual, o orçamento-programa anual e a programação financeira de desembolso. Assim, o orçamento-programa deveria ter conteúdo e forma de programação, constituindo-se a peça-chave do planejamento das ações de governo.

> **COMENTÁRIO**
>
> Com o restabelecimento da democracia e a eleição, indireta ainda, de um presidente civil, ganha força no Congresso Nacional um amplo debate sobre a recuperação das prerrogativas que o Poder Legislativo havia perdido durante o período autoritário. É nesse contexto que a questão orçamentária ganha relevância em função do fato de que o arranjo institucional vigente excluía do orçamento aprovado pelo Legislativo parcela considerável das despesas da União.

A partir de 1985, tem início um conjunto de modificações que, na essência, significava a unificação do orçamento da União. É assim que, antes das discussões que culminaram com a promulgação da Constituição Federal de 1988, ocorrem as seguintes modificações:

- incorporação, pela primeira vez, no Projeto de Lei Orçamentária da União para 1986, das despesas com encargos da dívida mobiliária federal, assim como de vários subsídios concedidos pelo governo;
- extinção da conta-movimento do Banco do Brasil, em janeiro de 1986;
- criação, em março de 1986, da Secretaria do Tesouro Nacional, o que permitiu a centralização, o acompanhamento e a programação de várias atividades que anteriormente eram realizadas pelo Banco Central e pelo Banco do Brasil de forma descentralizada;
- atribuição, em junho de 1987, ao Ministério da Fazenda, por meio da Secretaria do Tesouro Nacional, da administração e controle da dívida mobiliária federal;
- criação, em junho de 1987, do orçamento das operações de crédito, que passou a constar, como anexo, do orçamento geral da União;
- proibição da emissão líquida de títulos da dívida mobiliária sem autorização legislativa, em novembro de 1987;
- transferência, para o Ministério da Fazenda, dos fundos e programas administrados pelo Banco Central, em dezembro de 1987.

Todas essas medidas, ao mesmo tempo que asseguraram maior possibilidade de controle sobre os gastos da União, foram, gradativamente, possibilitando a recuperação dos poderes que o Legislativo havia perdido, estabelecendo o tom do que seria a nova Constituição do país na parte relativa às Finanças Públicas [Vignoli, 2004:366].

Reafirmando a tradição brasileira de associar planejamento e orçamento a CF/1988 ratificou o quanto definido na Lei nº 4.320/1964 e no Decreto-Lei nº 200/1967, definindo um novo modelo orçamentário composto por três instrumentos interdependentes, a saber: o Plano Plurianual (PPA), a Lei de Diretrizes Orçamentárias (LDO) e a Lei Orçamentária Anual (LOA).

FIGURA 1: INTEGRAÇÃO ENTRE PLANEJAMENTO E ORÇAMENTO

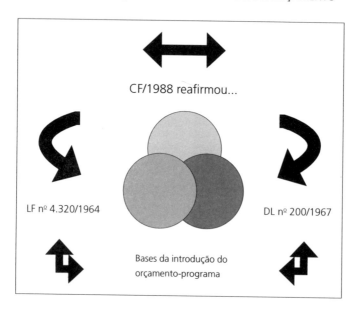

A Constituição Federal de 1988 apresenta cinco artigos com inúmeros incisos e parágrafos, introduzindo novos conceitos e regras e ratificando normas já estabelecidas. Entre as novidades trazidas pela CF/1988 destacam-se o Plano Plurianual (PPA) e a Lei de Diretrizes Orçamentárias (LDO).

O Plano Plurianual (PPA) deve se constituir no ponto de partida do plano de governo, apresentando as diretrizes, objetivos e metas da administração pública não só para os investimentos, como também para as despesas de custeio deles decorrentes. O PPA substitui o orçamento plurianual de investimentos previsto na Constituição anterior, que era elaborado para um período de três anos, e deveria ser reelaborado anualmente, apresentando, tão somente, as despesas de capital – investimentos – para o período.

ORÇAMENTO PÚBLICO: EXPRESSÃO LEGAL E DE RELAÇÕES DE PODER NA DINÂMICA GOVERNAMENTAL | 15

> **COMENTÁRIO**
>
> A Lei de Diretrizes Orçamentárias (LDO) define as metas e prioridades da administração para o exercício subsequente, incluindo as despesas de capital – elo com o PPA –, devendo orientar a elaboração da Lei Orçamentária Anual (LOA), incluindo as alterações na legislação tributária, e dispor, ainda, acerca da política de aplicação de recursos das agências financeiras oficiais de fomento.

A LDO representa o elo entre o PPA e a LOA, permitindo que o Legislativo discuta as prioridades para o próximo exercício e, quando da discussão da LOA, analise essas mesmas prioridades discriminadas em programas, projetos e atividades, com a compatível alocação de recursos. De acordo com o §5º do art. 165 da CF/1988, a LOA compreenderá:

- o orçamento fiscal referente aos poderes da União – por extensão, dos estados, Distrito Federal e municípios –, seus fundos, órgãos e entidades da administração direta e indireta, inclusive fundações instituídas e mantidas pelo poder público;
- o orçamento de investimentos das empresas estatais da União – por extensão, dos estados, Distrito Federal e municípios;
- o orçamento de seguridade social, abrangendo todas as entidades e órgãos a ela vinculados, da administração direta ou indireta, bem como os fundos e fundações instituídos e mantidos pelo poder público.

Em consequência, a Lei Orçamentária Anual deve dispor sobre a alocação dos recursos previstos na composição dos programas, projetos e atividades, explicitados de acordo com as diretrizes estabelecidas na LDO, que, por sua vez, deverá estar em consonância com as prioridades estabelecidas no PPA.

A definição de um novo modelo orçamentário significou a ampliação das prerrogativas do Legislativo, garantindo sua participação no que deveria ser todo o processo de planejamento público. Desta forma, as prerrogativas do Legislativo para apresentar emendas ao orçamento, desde que fossem compatíveis com as metas e diretrizes aprovadas pelo próprio Congresso Nacional e não criassem despesas adicionais, foram asseguradas pelo art. 166.

> **COMENTÁRIO**
>
> As inovações trazidas pela CF/1988 não conseguiram determinar que o orçamento público tivesse o papel fundamental de se caracterizar como o principal instrumento de planejamento das ações de governo. Os motivos vão desde a apresentação de um número extremamente grande de emendas ao orçamento até os efeitos de uma inflação crônica e elevada que caracteriza o período posterior à CF/1988.

Em 1993 foram apresentadas cerca de 75 mil emendas ao orçamento geral da União e, ao longo do período compreendido entre 1988 e 1994, a inflação se eleva substancialmente, só apresentando estabilidade após a implantação do Plano Real, em julho de 1994, conforme apresentado na tabela.

TABELA: INFLAÇÃO NO PERÍODO 1988-2000 (IGP-DI)

Ano	Inflação (%)
1988	1.037,56
1989	1.782,89
1990	1.476,71
1991	480,23
1992	1.157,84
1993	2.708,17
1994	1.093,89
1995	14,78
1996	9,34
1997	7,48
1998	1,70
1999	19,98
2000	9,81

Fonte: Fundação Getulio Vargas. *Revista Conjuntura Econômica*.

COMENTÁRIO

A inflação mascarava os resultados das administrações públicas, servindo como um instrumento perverso que encobria a incompetência dos administradores e a má utilização dos recursos públicos. A distância entre aquilo que se "planejava" e o que era executado sempre foi muito grande ao longo de todo o período inflacionário, comprometendo, sobremaneira, a efetiva fiscalização por parte do Legislativo. Nesse sentido, não seria demais afirmar que o Executivo fingia que planejava enquanto o Legislativo fingia que fiscalizava.

Vale lembrar que a CF/1988 não definiu qual deveria ser o conteúdo da LDO, estabelecendo que lei complementar deveria ser editada para tratar dessa matéria, conforme o inciso I do §9º do art. 165. Essa lacuna legal acabou por permitir que a LDO se tornasse um instrumento dissociado do PPA e da LOA, fugindo totalmente daquilo que se pretendia alcançar. Tal fato só foi corrigido com a edição da LC nº 101, de 4 de maio de 2000 – Lei de Responsabilidade Fiscal.

O surgimento do projeto que resultou na edição da Lei de Responsabilidade Fiscal (LRF) também está contextualizado pela necessidade de promover o ajuste das contas públicas, um dos pontos firmados na carta de intenções celebrada com o Fundo Monetário Internacional. Para esse fim, foram analisadas as normas de disciplina fiscal adotadas por outros países, em especial o Tratado de Maastricht, de 1992, da União Europeia; o Budget Enforcement Act (BEA), de 1990, dos EUA; o Ato de Responsabilidade Fiscal, de 1994, da Nova Zelândia, entre outros estudos de menor importância. Foram analisadas, também, aproximadamente 5 mil sugestões, muitas delas incorporadas ao texto final, resultado da disponibilização, durante certo tempo, do texto preliminar do projeto pela internet. Em um cenário de descontrole do gasto público, porém com estabilidade monetária assegurada pelo Plano Real, se insere a Lei Complementar nº 101/2000, ou Lei de Responsabilidade Fiscal, a qual traz para a discussão novamente o planejamento como ponto central da questão orçamentária.

TRATADO DE MAASTRICHT

Contrato, também denominado de Tratado da União Europeia, fundamental para o estabelecimento deste bloco. Foi assinado no dia 7 de fevereiro de 1992, na cidade holandesa de Maastricht.
Por meio dele, esta organização internacional pôde ultrapassar o objetivo econômico inicial, passando também a se configurar como uma unidade política.

BUDGET ENFORCEMENT ACT (BEA)

Legislação norte-americana direcionada às finanças púbicas que contempla apenas o governo federal. De acordo com a mesma, cada estado possui regras próprias – em geral, regras e limites rígidos.
Tais limites coordenam os gastos e restringem certas novas legislações que apresentem novas despesas obrigatórias sem fontes de financiamento – sistema conhecido como *pay-as-you-go*.

ATO DE RESPONSABILIDADE FISCAL

Legislação criada em 1994 na Nova Zelândia que estabelece princípios básicos a serem seguidos visando ao controle das contas públicas.

> **COMENTÁRIO**
>
> Em um país onde infelizmente o Executivo, ao fazer o orçamento, fingia que planejava suas ações e o Legislativo fingia que fiscalizava, a Lei de Responsabilidade Fiscal adquire uma importância muito grande.

Lei de Responsabilidade Fiscal (LRF)

A Lei de Responsabilidade Fiscal deve ser analisada, especialmente, nos seus dois aspectos principais:

O primeiro diz respeito à ênfase que é dada à questão do planejamento

Reside aqui um dos aspectos mais importantes da Lei de Responsabilidade Fiscal, na medida em que, sem um adequado planejamento das ações de governo, será praticamente impossível cumprir tudo aquilo que é determinado. Muito embora tal questão já estivesse presente na legislação brasileira desde a Lei nº 4.320/1964, que estabelecia que o orçamento deveria ter conteúdo de programação, isso sempre foi muito pouco cumprido. A execução orçamentária, na forma prevista na Lei de Responsabilidade Fiscal, pressupõe a programação, o planejamento das ações de governo, acaba com a "farra orçamentária" que caracterizava o setor público brasileiro – acaba com a história de se colocar quaisquer valores em quaisquer dotações orçamentárias.

O segundo diz respeito à questão do controle

Não se tem notícia de alguma legislação que estabeleça mecanismos tão abrangentes e complexos para controlar as contas públicas. São 28 artigos que, direta ou indiretamente, tratam da questão do planejamento das ações de governo, ficando claro que a gestão fiscal responsável só será alcançada mediante o planejamento e a transparência das ações governamentais, segundo o princípio do equilíbrio das contas públicas e através da gestão fiscal responsável da receita e da despesa públicas, na forma recomendada pelo §1º do art. 1º da LRF. Portanto, tudo o que pode comprometer o equilíbrio das contas públicas passa a ser severamente controlado, alcançando a União, o Distrito Federal, os estados e os municípios, abrangendo os poderes Executivo, Legislativo – incluindo os Tribunais de Contas – e Judiciário e o Ministério Público. Estão sujeitos também ao controle as respectivas administrações indiretas, fundos, autarquias, fundações e empresas estatais dependentes.

A partir da LRF os entes da Federação – a União, os estados, o Distrito Federal e os municípios – devem estar preparados para administrar as finanças públicas de forma muito mais planejada, especificando controles eficientes sobre receita e despesas públicas. Em síntese a LRF:

- impôs normas de planejamento e controle das contas públicas, definindo critérios transparentes para a estimativa de receita;
- redefiniu os limites e critérios de apropriação dos gastos com pessoal;
- fixou procedimentos para a ampliação de despesas obrigatórias de caráter continuado;
- estabeleceu regras severas relativas ao endividamento público;
- restringiu o uso da "máquina administrativa" pelos governantes em fim de mandato, impedindo que o mandato de seu sucessor fique inviabilizado;
- introduziu, ainda, alterações importantes visando à transparência fiscal e à eficácia na fiscalização pelo Poder Legislativo e pelo Tribunal de Contas.

A preocupação em fortalecer o planejamento das ações de governo, perfeitamente materializada no texto da Lei de Responsabilidade Fiscal, ganhou força nos decretos, normas e portarias que, a partir de 1998, sucessivamente, regularam a matéria. Destacam-se, nesse aspecto, o Decreto nº 2.829, de 28 de outubro de 1998, que estabelece as normas para elaboração do PPA e dos orçamentos da União; a Portaria nº 42, de 14 de abril de 1999, do Ministério de Orçamento e Gestão e, ainda, a Portaria Interministerial nº 163, de 4 de maio de 2001. O Decreto nº 2.829 determinou que toda a ação finalística do governo federal deveria ser estruturada em programas orientados para a consecução dos objetivos estratégicos definidos e considerados para o período de vigência do plano. O programa, portanto, é o instrumento de organização da ação governamental visando à concretização dos objetivos pretendidos, sendo mensurado por indicadores estabelecidos no Plano Plurianual.

Em 14 de abril de 1999 foi editada a Portaria nº 42 do Ministério de Orçamento e Gestão, alterando a classificação funcional-programática estabelecida pela Portaria nº 9, de 28 de janeiro de 1974, do Ministério do Planejamento e Coordenação Geral, e apresentando os conceitos de função, subfunção, programa, projeto, atividade e operações especiais. Os dispositivos dessa portaria teriam aplicação, já para o exercício de 2000, para a União, estados e Distrito Federal, e para os municípios, somente a partir do exercício financeiro de 2002. Por seu turno, a Portaria Interministerial nº 163, ao dispor sobre a consolidação das contas públicas no âmbito da União, dos estados, do Distrito Federal e dos municípios, em sintonia com o que determinava o art. 51 da LRF, padronizou a classificação orçamentária de receita e despesas públicas, visando à uniformização dos procedimentos de execução orçamentária.

> **COMENTÁRIO**
> Mais recentemente, para a elaboração do PPA para o período 2012-2015, foram feitas alterações com o objetivo de transformar o Plano Plurianual em um instrumento estratégico do processo de planejamento, da mesma forma que se introduziu o instrumento "Plano Orçamentário" para o detalhamento das despesas públicas no orçamento.

Outro aspecto importante introduzido pela Lei de Responsabilidade Fiscal foi a questão da transparência da gestão fiscal, destacada em seu art. 48. Tal artigo, além de determinar a ampla divulgação, inclusive em meios eletrônicos de acesso público, de instrumentos tais como os planos, a LDO, a Lei Orçamentária Anual (LOA), as prestações de contas e os novos relatórios exigidos, determinou também que a transparência seja assegurada por meio do incentivo à participação popular e da realização de audiências públicas tanto na fase de elaboração desses instrumentos quanto na fase de prestação de contas. A Lei Complementar nº 131, de 27 de maio de 2009, deu maior rigor e abrangência a essa questão da transparência, acrescentando dispositivos à Lei de Responsabilidade Fiscal, especificamente aos arts. 48 e 73.

Capítulo 2

Planejamento das ações de governo

Neste capítulo, veremos que o planejamento das ações governamentais deve ser realizado com bastante precisão, já que os recursos são escassos para atender a necessidades ilimitadas. Adicionalmente, analisaremos o marco legal básico do processo de planejamento orçamentário do setor público brasileiro.

Planejamento e sociedade

Segundo O'Connor (1977:14), "as exigências da sociedade sobre os orçamentos locais e estaduais parecem ser ilimitadas, mas o desejo e a capacidade do povo de pagar por estas exigências são bem limitados". Em outros termos, os recursos são escassos para atender a necessidades ilimitadas, mas a cada direito conquistado ou a cada demanda atendida, novas necessidades surgem gerando críticas e discordâncias por parte da população por conta dos aumentos da carga tributária.

> **EXEMPLO**
> Se a população de determinado bairro foi atendida na reivindicação por iluminação pública e se, para isso, foram instalados postes com "braços curtos" para as luminárias, proximamente essa mesma população poderá reivindicar a instalação das luminárias em "braços mais longos" e com mais intensidade de luz, para garantir maior segurança aos moradores em relação à situação existente. Portanto, as necessidades da população aumentam em termos quantitativos e qualitativos. Porém, se esse mesmo governo justificar um aumento da tributação para financiar o aumento de despesas decorrente do aumento quantitativo e qualitativo da oferta de serviços públicos, a mesma população, inclusive a beneficiária desses serviços, criticará a elevação da carga tributária.

O planejamento das ações governamentais deve ser realizado com bastante precisão, pois depois que um serviço público for ofertado à população, não mais poderá ser suprimido.

> **COMENTÁRIO**
>
> O desenvolvimento tecnológico encareceu as ações em várias áreas da atuação governamental, por exemplo, na saúde: medicamentos, procedimentos de média e alta complexidade, incluindo os exames laboratoriais e dos diagnósticos por imagem, entre outros. A compensação parcial disso poderá ser obtida com a redução de custos, especialmente nos processos licitatórios e de gestão de materiais e contratos.

Os processos de planejamento do setor público brasileiro e da correspondente execução orçamentária devem obedecer a regras legais que retiram, parcialmente, o caráter discricionário do gestor público, bem como aos aspectos que caracterizam o pacto federativo brasileiro, especialmente no que tange ao processo de financiamento das políticas públicas e da rigidez orçamentária e na esfera municipal, cuja receita disponível é excessivamente dependente das transferências intergovernamentais.

Planejamento público "com regras"

O processo de planejamento orçamentário do setor público brasileiro tem como marcos legais básicos a Lei nº 4.320/1964, a Constituição Federal e a Lei Complementar nº 101/2000.

A Lei Federal nº 4.320/1964 foi pioneira na associação entre planejamento e orçamento público, disciplinando os aspectos relacionados ao orçamento e à contabilidade pública, esta última em processo de mudança a partir de 2012, em decorrência da convergência internacional das normas contábeis brasileiras, cuja abordagem passa a priorizar a dimensão patrimonial.

A Constituição Federal de 1988 reforçou a associação entre orçamento público e planejamento, materializada na criação de dois importantes instrumentos, a saber, o Plano Plurianual (PPA) e a Lei de Diretrizes Orçamentárias (LDO).

A Lei Complementar nº 101/2000 – que ficou conhecida, desde sua gênese, como Lei de Responsabilidade Fiscal – aprofundou a associação entre planejamento e orçamento na perspectiva da gestão fiscal responsável e foi complementada 10 anos depois pela Lei Complementar nº 131/2010 no que tange aos instrumentos de transparência da gestão pública.

Além dessas, outras referências de caráter setorial de grande relevância em termos de vinculação orçamentária e alocação de recursos devem ser consideradas: a Lei nº 9.394/96, conhecida como Lei de

> **LEI DE DIRETRIZES E BASES DA EDUCAÇÃO (LEI Nº 9.394/1996)**
>
> "Estabelece as diretrizes e bases da educação nacional."

LEI COMPLEMENTAR Nº 141/2012

"Regulamenta o §3º do art. 198 da Constituição Federal para dispor sobre os valores mínimos a serem aplicados anualmente pela União, Estados, Distrito Federal e Municípios em ações e serviços públicos de saúde; estabelece os critérios de rateio dos recursos de transferências para a saúde e as normas de fiscalização, avaliação e controle das despesas com saúde nas 3 (três) esferas de governo; revoga dispositivos das Leis nº 8.080, de 19 de setembro de 1990, e nº 8.689, de 27 de julho de 1993; e dá outras providências."

LEI Nº 8.080/1990

"Dispõe sobre as condições para a promoção, proteção e recuperação da saúde, a organização e o funcionamento dos serviços correspondentes e dá outras providências."

LEI Nº 8.142/1990

"Dispõe sobre a participação da comunidade na gestão do Sistema Único de Saúde (SUS) e sobre as transferências intergovernamentais de recursos financeiros na área da saúde e dá outras providências."

Diretrizes e Bases da Educação; a Lei Complementar nº 141/2012 e as leis nº 8.080/1990 e nº 8.142/1990, que disciplinam o processo de financiamento e de aplicação dos recursos em ações e serviços públicos de saúde.

Nessa perspectiva, o processo de planejamento do setor público brasileiro é disciplinado por regras constitucionais, legais e infralegais, válidas para a União, estados, Distrito Federal e municípios, o que garante a unidade de seus elementos constitutivos, permitindo, com isso, a consolidação das informações orçamentárias e financeiras. Contudo, essas regras também conferem ao modelo orçamentário brasileiro um grau de rigidez orçamentária que condiciona o processo de planejamento das três esferas de governo no Brasil.

COMENTÁRIO

Considerando o orçamento setorial, as vinculações de receita constitucionalmente permitidas para as áreas de educação e saúde, e a conceituação legal do que podem ser computados, como gastos em educação e saúde para o cumprimento da aplicação mínima constitucional, representam prioridades da ação de todos os governos com a alocação de parcelas significativas de recursos para essas duas áreas.

Em termos macro-orçamentários, o princípio da gestão fiscal responsável associou a obrigatoriedade do equilíbrio das contas públicas com a obtenção de metas de superávit primário capazes de garantir o pagamento de juros e amortização da dívida contratada. Com isso, qualquer gestão governamental terá como prioridade o equilíbrio entre receita e despesa pública, bem como o pagamento de juros e amortização da dívida contratada. Assim, o ponto de partida para a gestão fiscal responsável é o planejamento da receita pública, permitindo não somente aferir a capacidade existente de arrecadação, mas, principalmente, o que pode ser feito para ampliar a capacidade de financiamento das políticas públicas, de um lado mediante uma gestão tributária que respeite o princípio da capacidade contributiva e o combate à evasão fiscal, e de outro lado com a captação de recursos mediante a elevação do nível de endividamento.

A ampliação da capacidade de arrecadação também se mostra condicionada às regras estabelecidas pela legislação tributária que limita o poder discricionário do gestor público. Os princípios da anterioridade, da anualidade, de respeito à capacidade contributiva, de equidade e de simplicidade devem ser observados na formulação da política tributária. A elevação do nível de endividamento público dependerá do enquadramento do ente governamental às regras definidas pela Resolução nº 40/2000 do Senado Federal, conforme quadro 1.

SUPERÁVIT PRIMÁRIO

Consiste na diferença positiva entre as receitas e as despesas não financeiras. Trata-se de um indicador que mede a capacidade que o governo tem para o pagamento dos juros e amortização da dívida.

QUADRO 1: PARÂMETROS DE ANÁLISE DA DÍVIDA PÚBLICA

Descrição	Parâmetros
Limite máximo de endividamento	Estados = 2 vezes a RCL
	Municípios = 1,2 vez a RCL
Prazo para recondução da dívida aos limites	15 anos (1/15 por ano)
Limite anual para operação de crédito	16,0% da RCL
Limite para amortização e juros da dívida	11,5% da RCL
Limite de Aro (antecipação de receita orçamentária)	7,0% da RCL
Limite de garantias	22,0% da RCL

Fonte: Resolução nº 40/2001 do Senado Federal.

Portanto, o processo de planejamento do setor público brasileiro deve contemplar a receita e a despesa públicas, considerando as seguintes etapas:

- diagnóstico da situação, física e fiscal, encontrada em todas as áreas da atuação governamental, na perspectiva da eficiência das atividades meio e fim e da capacidade de financiamento existente das ações de governo;

- definição das expectativas a serem contempladas até o final da gestão na perspectiva do interesse público;
- avaliação da capacidade física e financeira para a realização dessas expectativas mediante a ampliação da eficiência das atividades realizadas e com o estabelecimento de prioridades contemplando o interesse público a partir da análise "benefício/custo" pelas óticas monetária e não monetária.

A qualidade da execução orçamentária de cada exercício dependerá da qualidade do processo de planejamento desde a fase do diagnóstico, pois estará fortemente condicionada pela situação herdada das gestões anteriores, quer do ponto de vista conjuntural, à luz da situação do exercício imediatamente anterior, quer do estrutural, considerando o nível de endividamento do ente da Federação e a proporção do pagamento de juros e amortização da dívida a curto, médio e longo prazos.

> **COMENTÁRIO**
>
> Enquanto a União apresenta várias opções para solucionar a situação herdada de dívida, entre as quais, lançamento de títulos da dívida pública, redução das transferências voluntárias para outras esferas de governo ou até emissão de moeda, apesar de este procedimento não ser recomendado pelo impacto inflacionário, os estados e principalmente os municípios apresentam restritas opções, geralmente associadas aos atrasos de pagamento a fornecedores, o que encarece as compras governamentais, e ao "congelamento" ou não reajuste dos vencimentos dos servidores, o que deteriora a qualidade dos serviços prestados à população.

Considerando ainda o cenário de dívida herdada, por um lado o levantamento do estoque de dívida fundada ou de longo prazo, definida legalmente como a que apresenta prazo de pagamento superior a 12 meses, e o respectivo perfil, prazo e comprometimento anual da amortização e juros, caracterizam o aspecto estrutural do nível de endividamento público e, nessa perspectiva, a capacidade de ampliação do financiamento das políticas públicas pela via das operações de crédito interna e externa. Por outro lado, o levantamento da dívida flutuante ou de curto prazo, identificando a posição dos restos a pagar pelo ano da inscrição e a respectiva disponibilidade de caixa por fonte de recurso, própria ou vinculada, caracteriza o aspecto conjuntural do nível de endividamento público e, nessa perspectiva, o grau de comprometimento da receita orçamentária presente com obrigações do passado.

> **COMENTÁRIO**
>
> É oportuno destacar a existência de dispositivo na Lei Complementar nº 101/2000 que veda aos gestores das três esferas de governo assumirem compromisso ou celebrarem a contratação de novas despesas a partir do segundo quadrimestre do último ano de mandato sem a respectiva cobertura financeira, mesmo que o término da vigência contratual ocorra no próximo exercício.

A restrição anterior revela a necessidade de levantamento do perfil da despesa pública segundo a caracterização estabelecida pela Lei Complementar nº 101/2000, que define critérios para o aumento da despesa pública em geral, e de caráter continuado – obrigação de execução por um período superior a dois anos – em particular, entre os quais destacam-se:

- a necessidade de avaliação do impacto orçamentário-financeiro, incluindo a declaração expressa do ordenador de despesa de que esta é compatível com o PPA e com a LDO;

- a comprovação da adequação – previsão – orçamentária e da não afetação das metas de resultado apresentadas no "anexo de metas fiscais" da LDO, inclusive com as medidas de compensação para garantir o aumento permanente de receita ou redução permanente de despesa, se esse procedimento se fizer necessário.

Essa regra geral não se aplica para os encargos da dívida pública e para as despesas de reajuste dos servidores nos termos estabelecidos pela Constituição Federal, mas as despesas de pessoal devem obedecer aos limites estabelecidos pela Lei Complementar nº 101/2000 (quadro 2), e não serão computadas nesse cálculo as despesas com as indenizações pela demissão de servidores e empregados, com os incentivos decorrentes de programas de demissão voluntária, com a convocação extraordinária do Congresso Nacional para os casos de urgência, com pessoal dos antigos "territórios", com inativos e aquelas decorrentes de decisão judicial anterior à vigência da citada lei.

QUADRO 2: LIMITES LEGAIS PARA DESPESAS COM PESSOAL

Esfera	Legislativo e Tribunal de Contas	Judiciário	Ministério Público	Excecutivo mais Adm. Indireta	Limite Total
Federal	2,5%	6,0%	0,6%	40,9%	50% da RCL
Estados	3,0%	6,0%	2,0%	49%	60% da RCL
Municípios	6,0%	—	—	54%	60% da RCL

Fonte: Vignoli e Funcia (2012).

Há vários projetos de lei tramitando no Congresso Nacional para alteração desse dispositivo da Lei de Responsabilidade Fiscal. Em alguns casos, como para a área de saúde e educação, o argumento apresentado é que, como são áreas de atuação governamental que dependem essencialmente dos recursos humanos, quer em termos de ampliação de serviços, quer para melhorar a qualidade dos serviços prestados, o limite total dos gastos com pessoal deveria excepcionalizar os gastos com profissionais dessas áreas.

Modelo orçamentário brasileiro

O modelo orçamentário em nosso país é composto pelos seguintes instrumentos básicos do planejamento do setor público brasileiro:

- PPA (Plano Plurianual);
- LDO (Lei de Diretrizes Orçamentárias);
- LOA (Lei Orçamentária Anual).

A combinação desses instrumentos em perspectiva temporal caracteriza o ciclo orçamentário brasileiro, isto é, do processo de planejamento à execução orçamentária, incluindo os processos de monitoramento, avaliação e revisão do plano, pois o PPA contempla o planejamento de médio prazo – vigência quadrienal a partir do segundo ano do mandato governamental –, servindo de referência para a elaboração da LDO e da LOA (anuais). A primeira estabelece as prioridades a partir da programação estabelecida no PPA e a segunda detalha as despesas anuais oriundas dessas prioridades e as receitas que financiarão a implantação do que foi programado.

O decreto de execução orçamentária (DEO) deve regulamentar a lei orçamentária da União, dos estados, do Distrito Federal e dos municípios, especialmente no que se refere à previsão bimestral da receita e à programação mensal de desembolsos financeiros para pagamentos das despesas. A cada bimestre, o gestor público elabora e publica o Relatório Resumido de Execução Orçamentária (RREO) e a cada quadrimestre, o Relatório de Gestão Fiscal (RGF), ambos em consonância com esses instrumentos. A figura 2 ilustra essa situação e evidencia a integração entre os instrumentos de planejamento e execução orçamentária, pela ótica acima apresentada.

FIGURA 2: PLANEJAMENTO E EXECUÇÃO ORÇAMENTÁRIA

LDO	• Quadrienal • LDO + LOA • Anual • LOA
LOA	• Anual • DEO + RREO + RGF
DEO	• Até 30 dias após LOA • Previsão bimestral receita • Cronograma mensal de desembolso
RREO + RGF	• Bimestral • Quadrimestral

As políticas e ações governamentais devem ser elaboradas a partir do plano de governo apresentado, em linhas gerais, durante a campanha eleitoral. Para que as promessas de campanha se efetivem em benefícios para a população, deverão ser transformadas em políticas e ações governamentais e integrar a LOA, sendo que as respectivas programações deverão constar previamente do PPA e da LDO.

PPA

O PPA conterá a programação das áreas finalísticas e de apoio que integram as ações governamentais, bem como as diretrizes, os objetivos e as metas da administração pública para as despesas de capital e outras delas decorrentes, inclusive os programas de duração continuada, com os respectivos indicadores, enquanto a LDO estabelecerá as diretrizes e prioridades para a elaboração anual da LOA a partir do conteúdo do PPA. A figura 3 retoma os instrumentos destacados anteriormente, agora na perspectiva do processo de planejamento integrado.

FIGURA 3: PROCESSO DE PLANEJAMENTO INTEGRADO DO GOVERNO

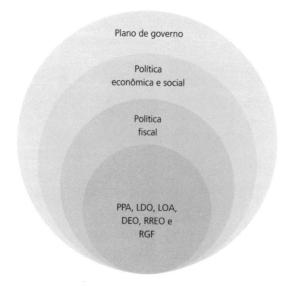

Assim, o PPA, a LDO, a LOA, o DEO, o RREO e o RGF são instrumentos do processo de planejamento e execução orçamentária, integram também a política fiscal e estão inseridos no contexto da política econômica e social que faz parte do plano de governo apresentado à população durante o processo eleitoral. A figura 4 apresenta os instrumentos de planejamento e de execução orçamentária do setor público brasileiro de forma integrada e em perspectiva temporal.

FIGURA 4: PPA, LDO E LOA EM PERSPECTIVA TEMPORAL

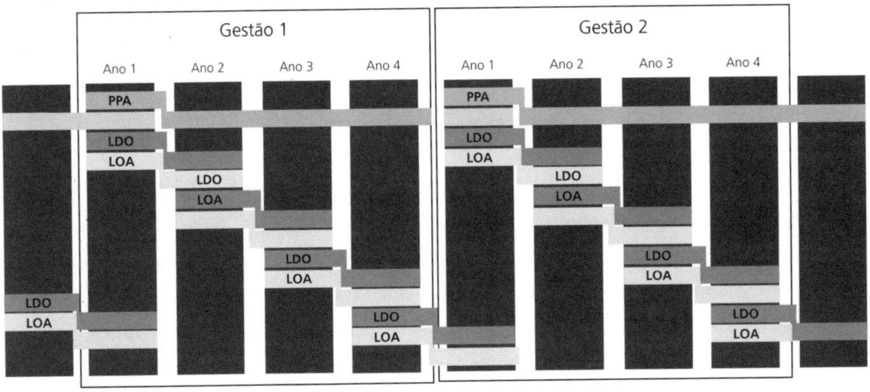

Fonte: Vignoli (2004:369).

Pela ótica temporal, o primeiro ano de mandato representa o momento de elaboração do PPA que vigorará, a partir do segundo ano de mandato, por um período de quatro anos, assim como ocorrerá para a LDO e LOA, exceto para o período de vigência, que é anual, desses dois instrumentos.

O projeto de lei do PPA deverá ser apresentado no primeiro ano de mandato ao Poder Legislativo entre 31 de agosto e 30 de setembro, geralmente coincidindo com a data de apresentação da Lei Orçamentária Anual (LOA) desse ano. O início da vigência do PPA é o segundo ano do mandato e o término ocorrerá no primeiro ano do mandato seguinte. As questões norteadoras básicas para a sua elaboração são:

- O que, quanto, quando, como e para quem fazer?
- Com que recursos humanos, físicos e financeiros fazer?

As fases iniciais do processo de elaboração do PPA estão apresentadas na figura 5.

FIGURA 5: FASES INICIAIS DA ELABORAÇÃO DO PPA

1ª fase	• Diagnóstico da situação existente • Dimensões: material, operacional e financeira
2ª fase	• Expectativas a serem atendidas • Visão de futuro
3ª fase	• Análise de capacidade • Ajuste das expectativas à capacidade financeira e operacional

Fonte: Elaboração dos autores.

Neste momento, vale destacar melhor cada uma dessas fases.

Primeira fase
A elaboração do diagnóstico da situação existente permitirá ao gestor conhecer as condições materiais, operacionais e financeiras que condicionam a oferta de bens e serviços públicos à população e, com isso, avaliar as necessidades de reestruturação que deverão ser contempladas orçamentariamente durante a gestão. É importante destacar que as três dimensões citadas estão interligadas: Qual é a qualidade dos serviços públicos prestados à população? Quais são as condições materiais, técnicas, de equipamentos e de recursos humanos existentes para melhorar a prestação desses serviços? Qual é a situação de endividamento do ente público? Qual é a margem para expansão dos investimentos e das despesas de caráter continuado? Essas são perguntas básicas que devem nortear a elaboração do diagnóstico da situação existente.

Segunda fase
O levantamento das expectativas a serem atendidas durante a gestão e vigência do PPA subsidiará a elaboração das propostas de governo a partir da mudança da situação diagnosticada na primeira fase. Em certa medida, nessa fase deverão ser apresentadas propostas setoriais para alteração da situação existente em diversas áreas da atuação do ente governamental, que comporão o rol a ser analisado para o estabelecimento das prioridades que nortearão as escolhas a serem feitas a partir da análise de capacidade da próxima etapa.

Terceira fase
Na terceira fase, será possível ajustar essas expectativas com a capacidade material, operacional e financeira de oferta de bens e serviços públicos, visando à reestruturação e ampliação dessa capacidade para viabilizar a implementação dos programas e ações prioritários para contemplar as expectativas priorizadas para o período de quatro anos de vigência do PPA.

Cumpridas essas fases iniciais, o próximo passo consiste em definir as metas e indicadores dos respectivos programas e ações que farão parte do PPA, para permitir a adequada priorização anual na LDO e a correspondente alocação anual de recursos orçamentários na LOA. Evidentemente, faz-se necessário monitorar e avaliar as metas e os indicadores planejados, para que eventuais ajustes e revisões possam ocorrer com a devida formalização legal, na perspectiva da flexibilidade do processo de planejamento necessária para que o orçamento não seja transformado numa peça de ficção.

O mapeamento da realidade em que se pretende intervir e as prioridades estabelecidas a partir do levantamento das expectativas orientarão a formulação de políticas e ações para esse fim, agrupadas sob a forma de programas para atender à consecução de objetivos de natureza finalística ou de apoio, de caráter centralizado ou setorial, envolvendo mensuração financeira ou não. Os programas classificados como finalísticos resultam em bens e serviços ofertados à sociedade; os classificados como de gestão de políticas públicas e de serviços do Estado, inclusive de apoio administrativo, resultam em bens e serviços públicos ofertados ao próprio Estado. O conteúdo dos programas está resumido na figura 6.

FIGURA 6: CONTEÚDO DOS PROGRAMAS

Fonte: Elaboração dos autores.

Os programas de governo contêm objetivos específicos devidamente sintonizados com os objetivos estratégicos governamentais. Para tanto, devem estar evidenciados os órgãos responsáveis pela execução, os indicadores e metas que servirão de referência para monitorar e avaliar essa execução, as fontes de financiamento – próprias ou vinculadas –, as categorias econômicas das despesas – de custeio ou capital – e os respectivos valores para a execução de cada programa.

Há que se considerar também a possibilidade de desenvolvimento de ações integradas pelas três esferas de governo, na perspectiva da racionalização do uso do recurso público ao conjugar esforços voltados para o mesmo fim, evitando-se assim a prejudicial sobreposição de ações e/ou desperdício de recursos decorrente de esforços individualizados. Além disso, é possível estabelecer parcerias com entidades privadas e não governamentais na busca de recursos adicionais para o financiamento de programas. Nessa perspectiva, nem todas as programações poderão ser mensuradas em termos monetários, mas isso não impede que sejam identificadas como integrantes da programação governamental de médio prazo.

A conclusão do processo de elaboração do projeto de lei do PPA ocorrerá após a tramitação e aprovação pelo Poder Legislativo. As próximas etapas serão: implantação, monitoramento e avaliação. A implantação do PPA ocorre anualmente por meio da LDO e da LOA, quando são definidas as diretrizes, as prioridades e o detalhamento das despesas. O monitoramento, a avaliação e a revisão do PPA poderão ocorrer a partir do acompanhamento da execução orçamentária.

LDO

A LDO foi instituída pela Constituição Federal (CF/1988) e seus atributos foram complementados pela Lei Complementar nº 101/2000. O prazo de entrega do projeto de lei ao Poder Legislativo ocorre anualmente no período de 15 a 30 de abril, conforme cada ente da Federação – União, estados, Distrito Federal e municípios.

> **CONCEITO-CHAVE**
>
> Em termos de conteúdo básico, o art. 165 da CF/1988 disciplina que a LDO conterá as metas e prioridades da administração pública federal, incluindo as despesas de capital para o exercício financeiro subsequente em consonância com o PPA, a orientação para a elaboração da Lei Orçamentária Anual (LOA), os dispositivos sobre as alterações na legislação tributária, as regras para a política de aplicação das agências oficiais de fomento e as prioridades de governo de forma explícita, evidenciando quais serão os setores que receberão mais recursos.

A Lei Complementar nº 101/2000 (Lei de Responsabilidade Fiscal) estabeleceu conteúdos e orientações complementares para a LDO, entre os quais:

- novos projetos e/ou obras não poderão ser iniciados sem que estejam garantidos recursos para o que estiver em execução e para as despesas de conservação do patrimônio público (art. 45);
- receita proveniente da alienação de bens e direitos integrantes do patrimônio público não poderá ser utilizada para o financiamento de despesas correntes, exceto aquelas destinadas ao regime de previdência social geral ou próprio dos servidores públicos (art. 44);
- definição dos índices para a remuneração de pessoal, inclusive a elaboração de plano de cargos, carreiras e vencimentos;
- critérios para apresentação de emendas parlamentares à LOA;
- critérios para celebração de convênios;
- critérios para assumir despesas de outros entes da Federação, por exemplo, para a prefeitura abastecer de combustível os carros da Polícia Militar utilizados no policiamento do município;
- programação e critérios da execução orçamentária, inclusive para a necessidade de limitação de empenhos;

- criação, expansão ou aperfeiçoamento de ação governamental que acarrete aumento de despesas;
- avaliação das despesas obrigatórias de caráter continuado;
- definição de critérios para a execução orçamentária, inclusive para o contingenciamento orçamentário e a limitação financeira (art. 4º);
- estabelecimento de parâmetros para a fiscalização pelos respectivos tribunais de contas e Poder Legislativo, bem como para a realização das audiências públicas quadrimestrais de prestação de contas;
- definição de recursos que comporão a reserva de contingência para cobrir eventuais imprevistos durante a execução orçamentária e farão parte da LOA (art. 5º);
- anexo de metas fiscais – metas anuais relativas às receitas e despesas, ao resultado primário e nominal e ao montante da dívida pública, tanto para o exercício a que se referirem quanto para os dois subsequentes;
- anexo de riscos fiscais – avaliação dos passivos contingenciais e outros riscos capazes de desequilibrar as contas públicas como decorrência do impacto sobre as receitas e despesas públicas.

LOA

Inicialmente, vale lembrar que, quando da elaboração do orçamento, todos os entes da Federação deverão atender aos "princípios orçamentários", conforme determina a Lei nº 4.320/1964 e a CF/1988. Portanto, deverão ser observados:

- *princípio da unidade – ou totalidade*: o orçamento deve ser uno. Cada ente da Federação deve elaborar um único orçamento (art. 2º da Lei nº 4.320/1964). Portanto, todas as receitas previstas e as despesas fixadas, em cada exercício financeiro, devem integrar um único documento legal;
- *princípio da universalidade*: o orçamento deverá conter todas as receitas e as despesas de todos os poderes, órgãos, entidades, fundos e fundações instituídas e mantidas pelo poder público (art. 2º da Lei nº 4.320/1964 e §5º do art. 165 da CF/1988);
- *princípio da anualidade – ou periodicidade*: a previsão das receitas e a fixação das despesas devem referir-se ao exercício financeiro (art. 2º da Lei nº 4.320/1964), que, no caso brasileiro, coincide com o ano civil (art. 34 da mesma lei);
- *princípio da exclusividade*: o orçamento não conterá dispositivo estranho à previsão da receita e à fixação da despesa (§8º do art. 165 da CF/1988);[1]

---

[1] Ressalvam-se dessa proibição a autorização para abertura de créditos suplementares e a contratação de operações de crédito, ainda que por Antecipação da Receita Orçamentária (ARO), nos termos da lei.

- *princípio do orçamento bruto*: o registro das receitas e das despesas no orçamento deverá ser feito pelo valor total e bruto, vedadas quaisquer deduções (art. 6º da Lei nº 4.320/1964);
- *princípio da não vinculação da receita de impostos*: é vedada a vinculação da receita de impostos a órgão, fundo ou despesa (art. 167 da CF/1988).[2]

Em sequência, conforme disciplina a Lei nº 4.320/1964, o ponto de partida para a elaboração do projeto da Lei Orçamentária Anual (LOA) é a estimativa da receita e a fixação da despesa e deverá conter:

- sumário geral da receita por fontes e da despesa por funções de governo;
- quadro demonstrativo da receita e despesa segundo as categorias econômicas;
- quadro demonstrativo da receita por fontes e respectiva legislação;
- quadro das dotações por órgãos de governo;
- quadros demonstrativos da receita e planos de aplicação dos fundos especiais;
- quadros demonstrativos da despesa;
- quadro demonstrativo do programa anual de trabalho do governo, em termos de realização de obras e prestação de serviços;
- demonstrativo de compatibilidade com os objetivos e metas constantes do anexo de metas fiscais da LDO;
- demonstrativo regionalizado do efeito sobre as receitas e despesas decorrentes de isenção, anistias, subsídios e benefícios de natureza financeira, tributária e creditícia, bem como das medidas de compensação a renúncias de receita e ao aumento de despesas obrigatórias de caráter continuado;
- reserva de contingência, cuja utilização e montante foram definidos na LDO;
- autorização para abertura de créditos adicionais suplementares até determinado limite.

Acompanharão ainda o projeto de lei do orçamento:
- o detalhamento dos encargos com a dívida pública;

---

[2] Art. 167. São vedados: [...] IV. a vinculação de receita de impostos a órgão, fundo ou despesa, ressalvadas a repartição do produto da arrecadação dos impostos a que se referem os arts. 158 e 159, a destinação de recursos para as ações e serviços públicos de saúde, para manutenção e desenvolvimento do ensino e para realização de atividades da administração tributária, como determinado, respectivamente, pelos arts. 198, §2º, 212 e 37, XXII, e a prestação de garantias às operações de crédito por antecipação de receita, previstas no art. 165, §8º, bem como o disposto no §4º deste artigo; (Redação dada pela Emenda Constitucional nº 42, de 19/12/2003); [...] §4º. É permitida a vinculação de receitas próprias geradas pelos impostos a que se referem os arts. 155 e 156, e dos recursos de que tratam os arts. 157, 158 e 159, I, a e b, e II, para a prestação de garantia ou contragarantia à União e para pagamento de débitos para com esta (incluído pela Emenda Constitucional nº 3, de 1993).

- o plano de investimentos – obras e equipamentos;
- o demonstrativo da relação entre operação de crédito e despesas de capital;
- o demonstrativo de anistias, remissões, subsídios e benefícios de natureza tributária e creditícia;
- o elenco de órgãos, unidades e subunidades;
- o resumo da receita;
- o ementário de programas, projetos e atividades;
- o elenco de programas, projetos, atividades e operações especiais;
- a evolução da receita e evolução da despesa;
- a natureza da despesa consolidada;
- o programa de trabalho consolidado;
- o demonstrativo da despesa por funções, subfunções e programas conforme o vínculo com os recursos;
- a receita arrecadada nos dois últimos exercícios anteriores àquele em que se elabora o projeto;
- a receita para o exercício a que se refere o projeto e para os dois exercícios posteriores;
- a despesa realizada nos dois exercícios imediatamente anteriores;
- a despesa fixada para o exercício a que se refere o projeto e para os dois subsequentes.

O Projeto de LOA aloca em cada ano as programações estabelecidas no Plano Plurianual (PPA) e o prazo de entrega do projeto de lei ocorre geralmente no período compreendido entre 31 de agosto e 30 de setembro, conforme o ente da Federação. Em termos de política econômica, a LOA é um dos importantes instrumentos da *política fiscal*, tendo como funções básicas:

Alocativa
Promover ajustamentos na alocação de recursos quando não houver a necessária eficiência por parte do mecanismo de ação privada, ou do chamado sistema de mercado.

Distributiva
Promover ajustamentos na distribuição de renda, como correção às falhas de mercado.

Estabilizadora
Manter a estabilidade econômica – nível de emprego, estabilidade do nível de preços, equilíbrio no balanço de pagamentos e taxa de crescimento econômico – mediante a ação estatal sobre a demanda agregada.

A fase inicial de elaboração do projeto de LOA consiste no estabelecimento dos parâmetros para as diferentes áreas de governo de forma compatível com o PPA, a LDO e a previsão da receita. Em seguida, o projeto de lei é encaminhado ao Poder Legislativo para discussão nas comissões e aprovação do plenário, com ou sem emendas. A última fase da LOA é a implantação e a execução do orçamento.

POLÍTICA FISCAL

Corresponde às estratégias e ações governamentais que envolvem os aspectos relacionados às receitas e às despesas públicas.

A estimativa da receita representa a capacidade de financiamento das políticas públicas de todas as áreas de governo e, desta forma, significa um dos fatores condicionantes para a definição do detalhamento da despesa anual de acordo com a perspectiva da gestão fiscal responsável na dimensão do equilíbrio das contas públicas.

FIGURA 7: ESTIMATIVA DA RECEITA

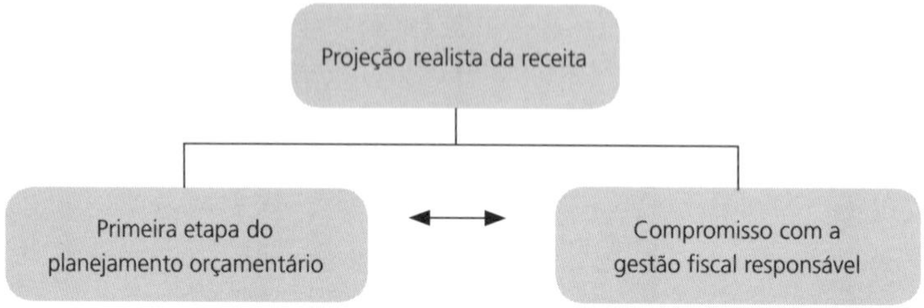

Projeção realista da receita
- Primeira etapa do planejamento orçamentário
- Compromisso com a gestão fiscal responsável

Fonte: Elaboração dos autores.

A projeção realista da receita deve ser feita a partir da análise histórica, da análise da conjuntura e das alterações que, eventualmente, forem realizadas na legislação tributária, inclusive em termos de renúncia fiscal. Não basta considerar a tendência histórica da arrecadação sem incorporar o cenário da conjuntura econômica que condiciona a política fiscal do governo.

CONCEITO-CHAVE

Nas previsões de receita, devem ser observadas as normas técnicas e legais, bem como considerados os efeitos das alterações na legislação, da variação do índice de preços, do crescimento econômico ou de qualquer outro fator relevante. Tais previsões devem ser acompanhadas de demonstrativo de sua evolução nos últimos três anos, da projeção para os dois seguintes àquele a que se refiram e da metodologia de cálculo e premissas utilizadas (art. 12 da LRF).

Os municípios apresentam baixa governabilidade na gestão da receita, considerando o peso expressivo das transferências intergovernamentais na composição da receita disponível, enquanto o governo federal encontra-se em situação inversa, ou seja, a competência de tributar está centralizada na União que, mesmo após as transferências para estados e municípios, ainda garante a maioria dos recursos para a esfera federal. A renúncia de receita pode ser definida como concessão de benefícios fiscais por força de lei, fazendo com que o governo deixe de arrecadar, caracterizada também na esfera federal como "gastos tributários". A renúncia de receita deve ser demonstrada em anexo específico da Lei da Diretrizes Orçamentárias e da Lei Orçamentária, bem como deverá ser evidenciado que as metas fiscais não ficarão comprometidas, nem o equilíbrio das contas públicas, inclusive com a indicação de medidas de compensação de aumento permanente da receita ou redução permanente da despesa. A figura 8 ilustra essas exigências. A receita pública pode ser classificada como orçamentária e extraorçamentária (figura 8). A orçamentária é constituída principalmente pela arrecadação dos tributos de competência do ente da Federação, inclusive os que são pagos em atraso e inscritos na dívida ativa.

FIGURA 8: CLASSIFICAÇÃO DA RECEITA PÚBLICA

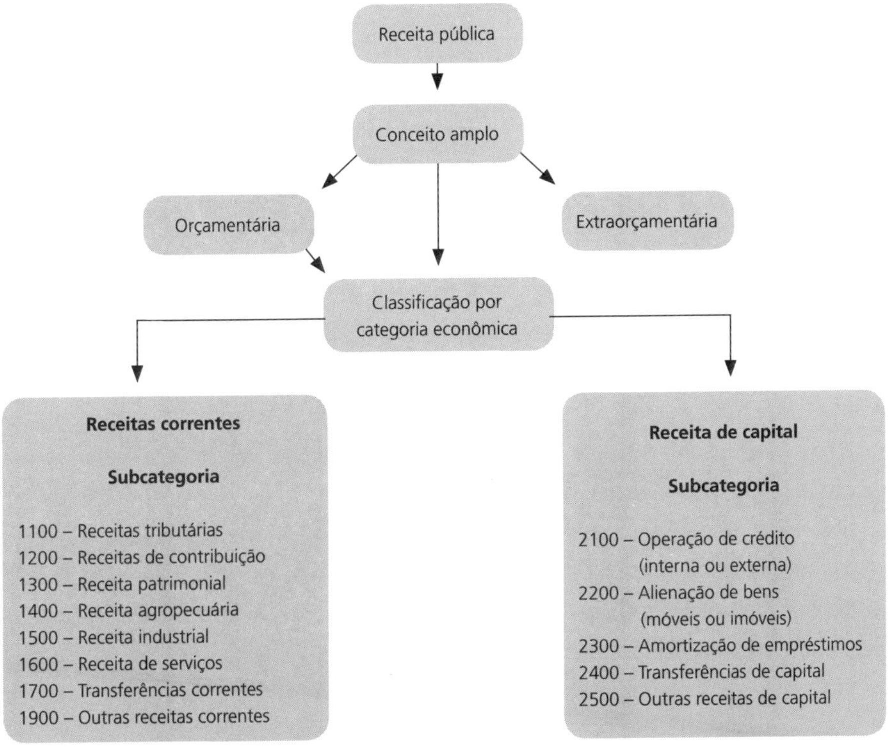

```
                    Receita pública
                           │
                           ▼
                    Conceito amplo
                  ╱       │       ╲
                 ▼        ▼        ▼
         Orçamentária            Extraorçamentária
                           │
                           ▼
                  Classificação por
                  categoria econômica
                  ╱                ╲
                 ▼                  ▼
```

Receitas correntes

Subcategoria

1100 – Receitas tributárias
1200 – Receitas de contribuição
1300 – Receita patrimonial
1400 – Receita agropecuária
1500 – Receita industrial
1600 – Receita de serviços
1700 – Transferências correntes
1900 – Outras receitas correntes

Receita de capital

Subcategoria

2100 – Operação de crédito
(interna ou externa)
2200 – Alienação de bens
(móveis ou imóveis)
2300 – Amortização de empréstimos
2400 – Transferências de capital
2500 – Outras receitas de capital

Fonte: Elaboração dos autores.

A receita extraorçamentária constitui-se pelos valores retidos temporariamente de terceiros pela União, estados, Distrito Federal e municípios para os pagamentos das despesas extraorçamentárias, que são obrigações de terceiros a serem pagas pelo ente nas respectivas datas de vencimentos. A figura 9 apresenta a relação existente entre as receitas e despesas orçamentária e extraorçamentária.

FIGURA 9: DESPESAS ORÇAMENTÁRIA E EXTRAORÇAMENTÁRIA

Despesa pública
- Orçamentária → requer autorização legislativa
- Extraorçamentária → independe de autorização legislativa

VISUALIZAÇÃO DA DESPESA EXTRAORDINÁRIA

Pagamento de despesa orçamentária → Retenções efetuadas → Receita extraorçamentária → Tesouro (INSS – vale-compra, cauções, salários não reclamados etc.) → Pagamento (Despesa extraorçamentária)

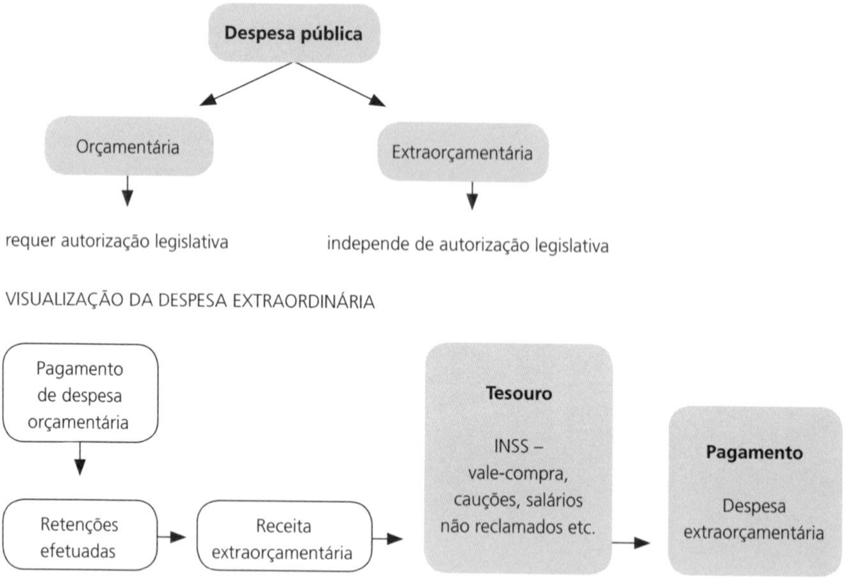

Fonte: Elaboração dos autores.

A despesa extraorçamentária significa aquela que o ente governamental realiza para terceiros, dos quais recolheu antecipadamente o recurso para essa finalidade em atendimento à legislação vigente. Se esse pagamento não for realizado, caracterizar-se-á apropriação indébita, por isso, a boa gestão financeira pressupõe o equilíbrio necessário entre receita e despesa também no conceito extraorçamentário.

A figura 10 apresenta a classificação da despesa orçamentária utilizada no PPA, na LDO e na LOA, considerando os conceitos estabelecidos pela Portaria nº 42/1999, do Ministério do Orçamento e Gestão, e pela Portaria Interministerial nº 163/2001 (Secretaria do Tesouro Nacional e Secretaria do Orçamento Federal STN/SOF).

FIGURA 10: CLASSIFICAÇÃO DA DESPESA PÚBLICA

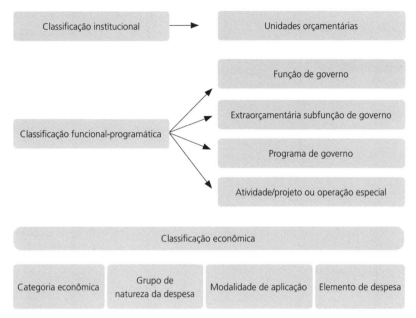

Fonte: Elaboração dos autores.

A classificação institucional significa a consolidação da despesa por órgãos segundo as respectivas unidades orçamentárias, cujas despesas estão programadas em várias dotações. A classificação funcional-programática consolida a despesa por função, subfunção, programas e ações de governo.

Já as funções de governo representam o maior nível de agregação das despesas e são válidas para os orçamentos da União, dos estados, do Distrito Federal e dos municípios, assim como as subfunções de governo, que são uma partição da função, ambas definidas pela Portaria nº 42/1999 do Ministério do Orçamento e Gestão.

O programa de governo é o instrumento de organização da ação governamental visando à concretização dos objetivos pretendidos em cada ente governamental, refletindo os diferentes contextos das políticas públicas. Diferentemente das funções e subfunções, os programas são fixados de forma individualizada para cada ente da Federação e compostos por uma ou mais ações, que são classificadas como projetos, atividades e operações especiais.

O projeto representa a ação limitada no tempo, voltada para alcançar o objetivo de um programa, que resulta num produto que concorre para a expansão ou o aperfeiçoamento da ação do governo. A atividade significa a ação realizada continuamente, voltada para alcançar o objetivo de um programa, que resulta num produto que concorre para a expansão ou o aperfeiçoamento da ação de governo. As operações especiais representam as despesas que não contribuem para a manutenção das ações de governo, das quais não resulta um produto e que não geram contraprestação direta na a forma de bens ou serviços.

> **CONCEITO-CHAVE**
>
> A classificação econômica da despesa é composta pela categoria econômica, grupo de natureza de despesa, modalidade de aplicação e elemento de despesa, e é válida para as despesas da União, estados e municípios.

As categorias econômicas referem-se às despesas correntes (código 3) e de capital (código 4), sendo as primeiras associadas às atividades e as segundas associadas aos projetos. E os códigos 4, 5 e 6 referem-se às despesas de capital, o código 4 (investimento) representando aumento do patrimônio público. Os grupos de natureza de despesa reúnem despesas para cada categoria econômica anteriormente apresentada. Os códigos 1, 2 e 3 a seguir estão vinculados às despesas correntes, e os códigos 4, 5 e 6 às despesas de capital:

1 – pessoal e encargos;
2 – juros e encargos da dívida;
3 – outras despesas correntes;
4 – investimentos;
5 – inversões financeiras;
6 – amortização da dívida.

As modalidades de aplicação definem se a aplicação do recurso é feita diretamente pelo ente ou por intermédio de terceiros mediante transferências, apresentando os seguintes códigos:

10 – transferências intragovernamentais;
20 a 40 – transferências intergovernamentais;
50 e 60 – transferências a instituições privadas;
70 – transferências a instituições multigovernamentais;
80 – transferências ao exterior;
90 – aplicações diretas;
99 – a definir.

Os elementos de despesa representam o último nível de detalhamento da despesa que deve constar obrigatoriamente na LOA, nos termos da Lei nº 4.320/1964. Os mais utilizados são:

(a) nas despesas correntes:

11 – vencimentos e vantagens fixas – pessoal civil;
13 – obrigações patronais;
30 ao 39 – material de consumo, serviços e outros;
(b) nas despesas de capital:
51 – obras e instalações;
52 – equipamentos e material permanente.

A figura 11 apresenta uma visão integrada da despesa pública a partir das categorias econômicas "despesas correntes" e "despesas de capital".

FIGURA 11: VISÃO INTEGRADA DA DESPESA PÚBLICA PELA CLASSIFICAÇÃO ECONÔMICA

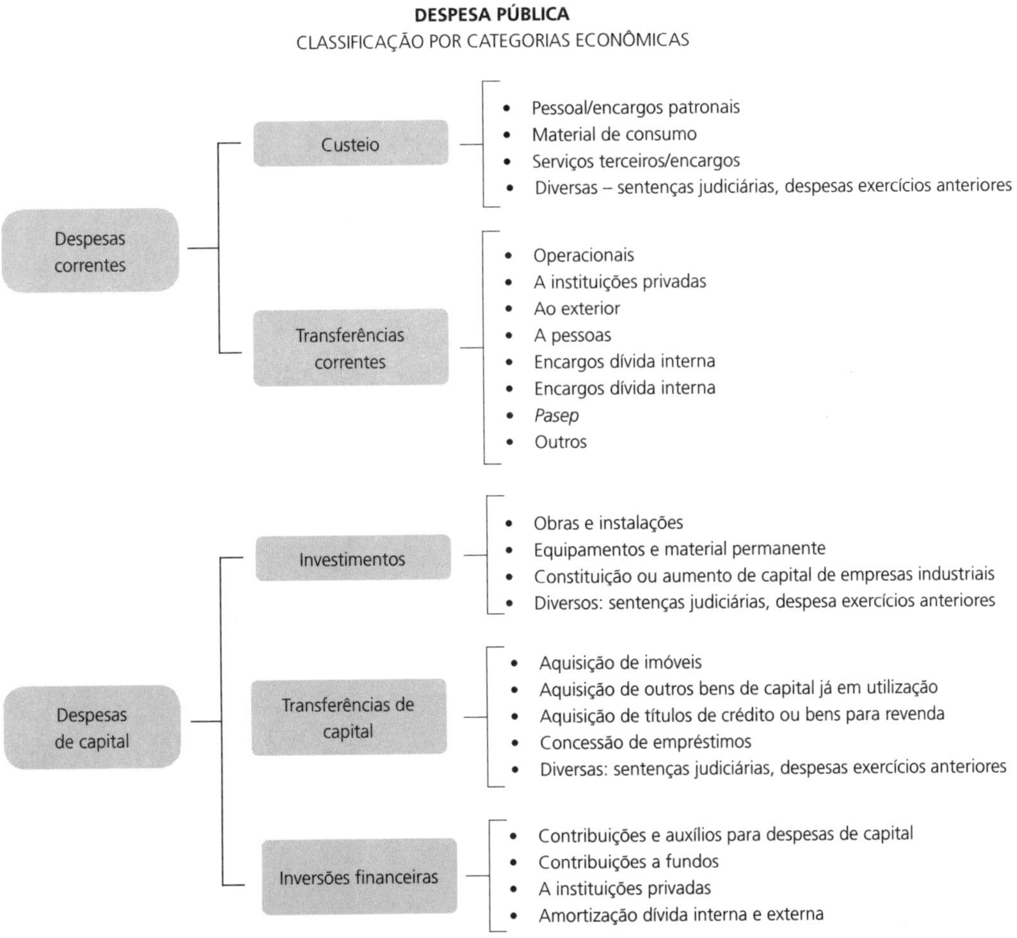

DESPESA PÚBLICA
CLASSIFICAÇÃO POR CATEGORIAS ECONÔMICAS

Despesas correntes
- Custeio
  - Pessoal/encargos patronais
  - Material de consumo
  - Serviços terceiros/encargos
  - Diversas – sentenças judiciárias, despesas exercícios anteriores
- Transferências correntes
  - Operacionais
  - A instituições privadas
  - Ao exterior
  - A pessoas
  - Encargos dívida interna
  - Encargos dívida interna
  - *Pasep*
  - Outros

Despesas de capital
- Investimentos
  - Obras e instalações
  - Equipamentos e material permanente
  - Constituição ou aumento de capital de empresas industriais
  - Diversos: sentenças judiciárias, despesa exercícios anteriores
- Transferências de capital
  - Aquisição de imóveis
  - Aquisição de outros bens de capital já em utilização
  - Aquisição de títulos de crédito ou bens para revenda
  - Concessão de empréstimos
  - Diversas: sentenças judiciárias, despesas exercícios anteriores
- Inversões financeiras
  - Contribuições e auxílios para despesas de capital
  - Contribuições a fundos
  - A instituições privadas
  - Amortização dívida interna e externa

Fonte: Elaboração dos autores.

A visão consolidada da despesa pública reúne a classificação econômica, a classificação funcional-programática e a classificação institucional, conforme a figura 12.

FIGURA 12: VISÃO CONSOLIDADA DA DESPESA PÚBLICA

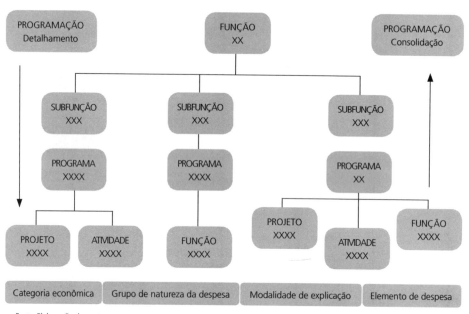

Fonte: Elaboração dos autores.

É possível observar a consolidação da despesa pública por órgão/unidade orçamentária e função de governo – na parte superior da figura – e o detalhamento segundo a classificação econômica – na parte inferior da figura. A dotação orçamentária é criada por meio de códigos que expressam a classificação institucional, funcional-programática e econômica da despesa pública de forma conjunta.

Capítulo 3

Execução orçamentária e o princípio do equilíbrio econômico-financeiro

Neste capítulo veremos que a execução orçamentária e financeira representa um dos instrumentos de monitoramento e de avaliação do planejamento expresso no PPA, permitindo a combinação de elementos quantitativos e qualitativos de análise das políticas públicas em termos de atendimento às necessidades da população.

A execução orçamentária deve guardar estreita relação com o orçamento aprovado, o qual, ao ser implementado, comanda toda a execução financeira. Logo, o comportamento financeiro do setor público resulta da execução de determinada programação, a qual possui a forma orçamentária. A figura 13 ilustra os principais aspectos da execução orçamentária e financeira.

FIGURA 13: PRINCIPAIS ASPECTOS DA EXECUÇÃO ORÇAMENTÁRIA E FINANCEIRA

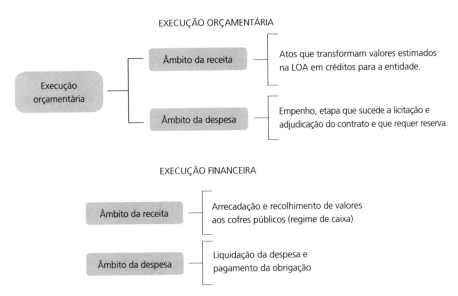

Fonte: Elaboração dos autores.

A gestão adequada da execução orçamentária pressupõe o acompanhamento dessa mesma execução, visando assegurar que a programação contida no orçamento seja efetivamente realizada, o que só é possível por meio do planejamento da execução.

Em sentido amplo, o processo de planejamento pode ser dividido em três fases:

- a decisão de planejar;
- o plano propriamente dito;
- a implementação do plano.

Nas duas primeiras fases, o planejamento atende, fundamentalmente, a um imperativo legal e não há a possibilidade de se abrir mão dele na medida em que toda a legislação pertinente determina o planejamento. Isso ficou demonstrado quando foi analisada a relação existente entre o PPA, a LDO e a LOA. É claro que tal imposição legal pode ser contornada, mas, principalmente após a edição de Lei de Responsabilidade Fiscal, essa hipótese ficou cada vez mais difícil. Quanto aos resultados decorrentes da implementação do plano, ou seja, a fase de execução orçamentária, a referida obrigação legal não existe, muito embora não o fazendo a qualidade dos serviços prestados à população fique seriamente comprometida, além de ficar cada vez mais difícil apresentar os relatórios exigidos pela LRF. Deve, portanto, ser considerado que a Lei Orçamentária Anual estima a receita e fixa a despesa, nos termos da programação que expressa as prioridades das ações de governo e que, consequentemente, a execução orçamentária envolve a receita arrecadada e a despesa realizada.

A execução da receita é regida pelos critérios definidos nas leis relativas aos tributos, às transferências, às contribuições, às receitas patrimoniais, à receita de serviços, aos preços públicos, enfim, a toda forma de arrecadação nas esferas federal, estadual e municipal. Tanto é assim que cada ente da Federação, ao elaborar seu orçamento, deverá considerar o quanto contido na Portaria Interministerial nº 163, de 7 de maio 2001 (STN/SOF), que, em seu art. 2º, dispõe sobre a classificação da receita.

Deve-se considerar também que, a partir da Lei de Responsabilidade Fiscal, a instituição, a previsão e a efetiva arrecadação de todos os tributos da competência constitucional de cada ente da Federação constituem requisitos essenciais da responsabilidade na gestão fiscal. Em outras palavras, cada ente deverá cobrar todos os tributos que são de sua competência, definindo ainda, com clareza, regras para a renúncia de receita.

Com relação à despesa,

> a transformação dos vários quadros dos anexos previstos pela Lei nº 4.320/64 para comporem a LOA num 'Quadro de Detalhamento da Despesa' permitirá que a execução orçamentária se processe a partir de dotações orçamentárias compostas pelo número do órgão, da unidade orçamentária, da categoria econômica, da natureza da despesa, da modalidade de aplicação, do elemento de despesa, da função, subfunção, do programa e do projeto/atividade/operações especiais [Funcia, 2003:2].

Um aspecto importante a ser ainda considerado diz respeito ao fato de que grande parte das ações da execução orçamentária efetiva-se pela aquisição de bens, serviços e realização de obras públicas e que, no setor público, o processo de compras de bens, contratação de serviços ou contratação de empresas para a realização de obras só pode ser feito mediante licitação, a qual é regida por legislação específica.

Planejar essas ações significa assegurar que não haverá atrasos que provoquem solução de continuidade nas atividades e nos projetos programados, além de estabelecer condições para, posteriormente, compatibilizar a programação de compras e contratações com a disponibilidade financeira.

Após a promulgação da LOA, o Poder Executivo deverá implantar o orçamento no sistema de processamento de dados, gerando o quadro de detalhamento de despesa – dotações orçamentárias constituídas a partir dos anexos integrantes da LOA contendo as despesas segundo as classificações institucional, funcional-programática e econômica, para os diferentes projetos, atividades e operações especiais. Além disso, deverá editar o decreto de execução orçamentária contendo, no mínimo, a previsão bimestral da receita e o cronograma mensal de desembolso por órgão da administração.

Para a edição do decreto de execução orçamentária é fundamental verificar a situação econômico-financeira do final do exercício anterior, em especial se a disponibilidade financeira foi suficiente para honrar os "restos a pagar" – despesas empenhadas e não pagas nos exercícios anteriores – e as despesas extraorçamentárias.

COMENTÁRIO

"Restos a pagar" podem ser classificados como processados – despesas liquidadas antes do final do exercício em que foram empenhadas – e não processados – despesas não liquidadas antes do final do exercício em que foram empenhadas –, nos termos do art. 36 da Lei Federal nº 4.320/1964.

Faz-se necessário também levantar os valores das despesas de caráter continuado e dos juros da dívida pública, entre outras despesas correntes. Entre as despesas de capital, deve-se fazer o levantamento prévio de todos os contratos em vigência que implicarão medições futuras de obras, bem como aqueles relativos à amortização da dívida pública. Todos esses casos, aliados às despesas de pessoal e respectivos encargos trabalhistas e sociais, deverão ser priorizados no início do ano em termos de execução orçamentária. O mesmo deve ser observado para as despesas com ensino e saúde, devido à vinculação constitucional.

A execução orçamentária da União, dos estados, municípios e do Distrito Federal de determinado exercício financeiro deve obedecer às disposições contidas na Lei Orçamentária e na Lei de Diretrizes Orçamentárias, bem como na Lei Federal nº 4.320, na Lei Complementar nº 101. Deve, ainda, atender ao disposto no decreto de execução orçamentária, abrangendo as administrações direta e indireta e estabelecendo os procedimentos básicos para a gestão responsável de receita e despesa públicas, a saber:

- a realização de despesas deverá condicionar-se ao sistema de controles institucionalizados, com o objetivo de se alcançar a eficiência máxima na administração orçamentária e financeira compatível com a eficiência máxima na prestação dos serviços públicos de qualidade para a população;
- a efetiva realização das despesas, que obedece ao regime de competência, deverá condicionar-se ao fluxo de ingressos de receitas, que obedece ao regime de caixa, e à situação financeira global da municipalidade, condicionada pelo nível de endividamento de curto e longo prazos.

COMENTÁRIO

Em síntese, o ponto de partida da execução orçamentária é o decreto de execução orçamentária, editado no prazo fixado na Lei de Diretrizes Orçamentárias e nunca superior a 30 dias da publicação da Lei Orçamentária Anual. A elaboração desse decreto subsidiará a atuação dos gestores, dirigentes de órgãos e ordenadores de despesa, além de informar à sociedade sobre as regras de conduta do Poder Executivo na arrecadação e no processamento da despesa. A gestão adequada da execução orçamentária pressupõe o acompanhamento da execução financeira, bem como a implantação de mecanismos de monitoramento e avaliação dos programas e ações realizados.

O processo de monitoramento e avaliação do PPA pode ser acompanhado pelos relatórios resumidos de execução orçamentária (RREO), publicados bimestralmente, e pelos relatórios de gestão fiscal (RGF), publicados quadrimestralmente, além de outros relatórios setoriais a serem elaborados, publicados e apresentados por força de leis específicas. Contudo, o monitoramento e a avaliação não podem ser realizados apenas com base em relatórios que demonstrem o total das despesas empenhadas, liquidadas e pagas por período, mas também mediante uma análise qualitativa da execução orçamentária e financeira para que, de maneira efetiva, seja verificado se o que foi programado está sendo realizado.

Na verdade, o acompanhamento da execução orçamentária representa a etapa de monitoramento do PPA, permitindo identificar os aspectos positivos e negativos dessa execução e, com isso, propor medidas capazes de corrigir os problemas encontrados, tendo como referência a comparação entre as metas estabelecidas e os resultados alcançados, o que caracteriza a etapa de avaliação e de revisão do processo de planejamento.

> **COMENTÁRIO**
>
> A gestão eficiente da receita tributária mostra-se como um dos pré-requisitos para a realização da despesa pública na forma planejada. Cada ente governamental é responsável pela gestão dos tributos de sua competência constitucional, desde a instituição legal, passando pelo lançamento e controle da arrecadação, além da adequada e permanente manutenção e atualização do cadastro tributário.

Mostra-se extremamente importante aplicar os dispositivos da legislação que obrigam o contribuinte a comunicar ao fisco quaisquer alterações cadastrais, sob pena de multa pelo descumprimento dessa obrigação tributária, bem como realizar a cobrança sistemática dos tributos lançados ou declarados pelo contribuinte como um dos mecanismos de combate à inadimplência. Sobre esse último ponto, a dívida ativa deverá ter um controle gerencial de inscrição e baixa que permita tanto a realização de cobranças amigáveis no âmbito administrativo antes da execução fiscal no âmbito do Poder Judiciário quanto a adequada instrução processual para essa cobrança judicial. Esse gerenciamento da dívida ativa permitirá a redução da evasão fiscal, inclusive inibindo a realização de campanhas de arrecadação que oferecem vantagens ou benefícios – redução de multas e juros – para os contribuintes inadimplentes que quitarem suas dívidas dentro de determinados prazos. Trata-se de uma política financeira que desestimula os contribuintes a pagarem no vencimento os seus compromissos tributários e, com isso, inviabiliza a oferta de serviços e investimentos públicos em maior número e com mais qualidade para toda a população.

Há que se considerar também que a "anistia" de multas e juros ao contribuinte inadimplente pode ser enquadrada como descumprimento da Lei Complementar nº 101/2000, pois a última fase da cobrança é a execução fiscal. A alegação da economia processual não pode prosperar, pois exceto a situação prevista de remissão, o custo processual, incluindo a sucumbência dos procuradores, onerará o contribuinte inadimplente. Sobre a remissão, as campanhas de arrecadação de tributos vencidos devem avaliar também o custo da cobrança para subsidiar a edição ou revisão de legislação que autorize a remissão dos débitos de valores de cobrança inferiores ao custo da mesma, o que está em consonância com a Lei Complementar nº 101/2000.

A avaliação e a atualização da legislação tributária devem ser realizadas periodicamente, com o objetivo de acompanhar as transformações macro e microeconômicas e as determinações constitucionais, aprimorando o respeito aos princípios da capacidade contributiva, equidade e simplicidade. Além da receita tributária, outras fontes internas e externas estão disponíveis para o fortalecimento do financiamento das políticas públicas das três esferas de governo, desde que esteja comprovado o equilíbrio das contas públicas, na perspectiva da gestão fiscal responsável.

COMENTÁRIO

A gestão responsável da despesa pública pelos dirigentes dos órgãos governamentais deve partir das dotações orçamentárias estabelecidas a partir da lei orçamentária. Estas devem estar em consonância com a disponibilidade orçamentária decorrente do contingenciamento e da limitação financeira estabelecida pelo chefe do Poder Executivo com o objetivo de garantir uma margem de compensação e segurança diante da necessidade de alocação financeira para os pagamentos de "restos a pagar" sem cobertura de caixa e de variações imprevistas de despesa e receita, para que a execução orçamentária ocorra dentro da efetiva disponibilidade de caixa.

Bimestralmente, será avaliada a efetiva arrecadação à luz da previsão e do cumprimento das metas fiscais. Se estiver abaixo do previsto ou comprometer o cumprimento das metas fiscais, o chefe do Poder Executivo promoverá a limitação de empenhos e movimentação financeira, exceção feita às despesas que constituam obrigações constitucionais e legais, inclusive aquelas destinadas ao pagamento do serviço da dívida, e as ressalvadas pela LDO. Quando a arrecadação for compatível com a previsão e com as metas fiscais, ocorrerá a recomposição das dotações cujos empenhos e pagamentos foram limitados. Portanto, a liberação de recursos orçamentários e financeiros dependerá da efetiva realização de arrecadação em montante igual ou superior ao valor estimado. A figura 14 ilustra os diferentes estágios de processamento da despesa pública.

FIGURA 14: ESTÁGIOS DE PROCESSAMENTO DA DESPESA PÚBLICA

Fonte: Elaboração dos autores.

As reservas orçamentárias previstas pela Lei nº 8.666/1993 iniciam os procedimentos necessários para a contratação de qualquer despesa pública. Essas reservas poderão ser realizadas até o limite da disponibilidade orçamentária por dotação.

É importante destacar que a Constituição Federal (art. 167) veda a realização de:

- despesas referentes a programas ou ações que não constem na LOA;
- despesas em valores superiores aos créditos orçamentários anuais;
- operações de crédito em valor superior ao das despesas de capital.

Esse mesmo dispositivo constitucional veda também a abertura de créditos adicionais – suplementares ou especiais – para reforçar os valores das dotações orçamentárias sem autorização legislativa – inclusive por meio de decretos do Poder Executivo –, mesmo para remanejamento de valores entre programas de governo.

Além dos créditos adicionais suplementares, outras situações poderão ocorrer durante a execução orçamentária:

- necessidade de realização de uma despesa vinculada a determinado programa de governo não previsto na LOA, o que exigirá a abertura de um crédito especial mediante autorização legislativa – projeto de lei específico para esse fim;
- uma situação emergencial de calamidade pública que requeira a abertura de um crédito extraordinário, dada a urgência para a realização da despesa – o que requer a decretação de estado de calamidade pública pelo chefe do Poder Executivo, nos termos da lei.

As fontes legais (art. 43 da Lei nº 4.320/1964) de recursos para a abertura desses créditos adicionais podem ser:

- o superávit financeiro apurado no balanço do ano anterior – saldo financeiro em caixa apurado no final do exercício maior que as obrigações financeiras;
- o excesso de arrecadação – receita arrecadada no exercício maior que a estimativa que constou no orçamento e compatível com o equilíbrio das contas públicas;
- as anulações de dotações – remanejamento de recursos orçamentários entre dotações orçamentárias;
- operações de crédito – empréstimos e financiamentos não previstos na estimativa de receita da LOA.

Nenhuma despesa poderá ser realizada sem o prévio empenho, nos termos da Lei nº 4.320/1964. O "empenho" representa o ato da autoridade competente que abate o valor da despesa a ser contratada diretamente da dotação, para as despesas que não requerem reserva orçamentária, ou da respectiva reserva efetuada, criando para o poder público obrigação de pagamento, pendente ou não de implemento de condição. São classificados pela legislação como *ordinário* – para despesas executadas numa única parcela e com valor certo e preciso –, *estimativo* – para despesas executadas em várias etapas e/ou com valor estimado – e *global* – para despesas executadas em várias etapas e com valores certos e precisos.

A contratação de pessoal ocorre por meio de concurso público e o processamento dessa despesa dependerá também da existência de vagas disponíveis e da obediência aos limites estabelecidos pela Lei Complementar nº 101/2000, bem como da avaliação do impacto orçamentário e financeiro e da declaração do ordenador da despesa acerca da compatibilidade com o PPA, a LDO e a LOA. Estes últimos requisitos também se aplicam para a contratação de despesas obrigatórias de caráter continuado – exigibilidade superior a dois anos.

Nenhuma despesa, depois de executada, poderá ser paga sem a devida liquidação por parte da autoridade competente ou de servidor com delegação de competência para esse fim. A despesa estará liquidada quando houver a atestação da entrega dos bens e da realização do serviço ou da obra no respectivo documento fiscal. Liquidada a despesa, poderá ser emitida a ordem de pagamento pela autoridade competente, cujo valor deverá ser abatido do saldo do empenho.

A obediência à ordem cronológica de pagamentos é um dispositivo da Lei nº 8.666/1993, em que para cada fonte de recurso – tesouro ou vinculado – deve ser estabelecida uma ordem cronológica própria de pagamentos, subdividida segundo a categoria econômica da despesa – corrente e capital. Assim, torna-se fundamental a elaboração de uma listagem de credores, segundo as diferentes fontes e por ordem de vencimento. Para cada fonte, deve-se estabelecer uma ordem cronológica específica para:

- as obrigações decorrentes de dispensa de licitação e carta-convite;
- as obrigações decorrentes de tomada de preços e concorrência pública;
- as obrigações decorrentes de recursos vinculados, uma para cada vínculo;
- as despesas institucionais e de utilidade pública.

A execução orçamentária e financeira específica das áreas de saúde e educação precisa ser acompanhada de forma regular e sistemática para o adequado cumprimento das respectivas legislações em termos das despesas que podem ser computadas, para comprovar a aplicação mínima legal e constitucional dentro dos parâmetros estabelecidos, que variam segundo a esfera de governo. A execução orçamentária dessas despesas é apresentada em relatórios específicos de periodicidade trimestral (educação) e quadrimestral (saúde).

Dois relatórios da execução orçamentária foram instituídos pela Lei Complementar nº 101/2000: o Relatório Resumido de Execução Orçamentária (RREO) e o Relatório de Gestão Fiscal (RGF). O RREO, de periodicidade bimestral, é composto pelos seguintes anexos:

- Anexo I – Balanço orçamentário;
- Anexo II – Despesa por função;
- Anexo III – Receita corrente líquida;
- Anexo IV – Regime geral previdência social;
- Anexo V – Regime próprio previdência social;
- Anexo VI – Resultado nominal;
- Anexo VII – Resultado nominal ente regime de previdência;
- Anexo VIII – Resultado primário;
- Anexo IX – Resultado primário (União);
- Anexo X – Manutenção e desenvolvimento do ensino (MDE);

- Anexo XI – Operação de crédito;
- Anexo XII – Projeção atuarial RGPS;
- Anexo XIII – Projeção atuarial RPPS;
- Anexo XIV – Alienação de ativos;
- Anexo XV – Saúde (União);
- Anexo XVI – Saúde (estado);
- Anexo XVI – Saúde (municípios);
- Anexo XVII – Simplificado.

A figura 15 ilustra a composição desse relatório.

FIGURA 15: RELATÓRIO RESUMIDO DE EXECUÇÃO ORÇAMENTÁRIA (RREO)

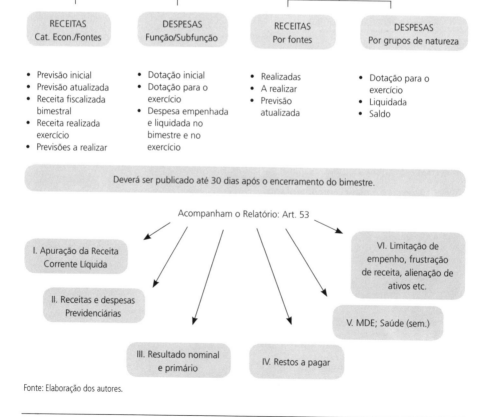

Fonte: Elaboração dos autores.

O Relatório Resumido da Execução Orçamentária (RREO) permite aferir, bimestralmente, se a receita arrecadada está de acordo com a previsão, além de permitir projetar a receita anual e avaliar se a previsão será atingida. Da mesma forma, as despesas por função, subfunção e por grupos de natureza poderão ser controladas e avaliadas, verificando-se o ritmo de execução em termos de empenho e liquidação, bem como a projeção e a realização para o exercício. Esse relatório é ainda composto de outras informações úteis para o gestor, entre as quais:

- a apuração da receita corrente líquida, importante instrumento, pois se trata de parâmetro dos indicadores de gastos com pessoal e do endividamento público;
- os resultados nominal e primário determinados bimestralmente, que serão cotejados com as metas fixadas na LDO, o que exigirá do gestor um controle rigoroso da execução orçamentária e financeira para cumprir o previsto e, assim, não ter de promover ajustes que possibilitem o cumprimento da meta. Os resultados nominal e primário podem ser apurados por dois critérios diferentes: "abaixo da linha" e "acima da linha". O primeiro considera a variação anual da dívida pública líquida, enquanto o segundo é obtido pela diferença entre a receita e a despesa públicas anuais. O RGF adota o critério "abaixo da linha", que permite aferir com mais precisão a situação de endividamento do ente público;
- os restos a pagar, que representam as despesas empenhadas e não pagas em exercícios anteriores relacionadas à execução financeira do ente governamental. O acompanhamento sistemático dos restos a pagar permite aferir como os valores inscritos e reinscritos estão sendo executados, ou seja, pagos e/ou cancelados. Geralmente, podem ser cancelados os restos a pagar não processados (quando não houve a liquidação da despesa no ano da realização do empenho), pois os processados expressam que o bem ou serviço já foi entregue nos termos contratados com atestação correspondente do agente público;
- o acompanhamento sistemático da execução orçamentária e financeira das despesas com saúde e educação, pois são ações de governo com obrigação constitucional de aplicação mínima pelos três entes da Federação, com vinculação de receita – exceto para os gastos com saúde da União, cujo valor mínimo da despesa anual é calculado pela aplicação percentual da variação nominal do PIB sobre a despesa empenhada no ano anterior.

O Relatório da Gestão Fiscal (RGF), de periodicidade quadrimestral, é composto pelos seguintes anexos:

- Anexo I – Pessoal;
- Anexo II – Dívida;
- Anexo II – Dívida (União);

- Anexo II – Dívida (estados, DF e municípios);
- Anexo II – Dívida (entes com regime de previdência);
- Anexo III – Garantias;
- Anexo IV – Operação de crédito;
- Anexo V – Disponibilidade financeira;
- Anexo VI – Restos a pagar;
- Anexo VII – Limites.

A figura 16 ilustra a composição desse relatório.

FIGURA 16: CONTEÚDO DO RELATÓRIO DE GESTÃO FISCAL

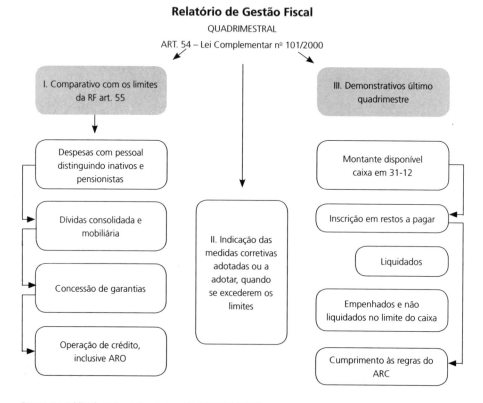

Deverá ser publicado após 30 dias do final do QUADRIMESTRE.
Descumprido o prazo, o ente não receberá transferências voluntárias e não poderá contratar operações de crédito.

Fonte: Elaboração dos autores.

O Relatório da Gestão Fiscal (RGF) consolida, quadrimestralmente, as informações referentes à execução das despesas com pessoal, a situação do endividamento e das operações de crédito, para aferição dos limites estabelecidos na Lei de Responsabilidade Fiscal. Para o caso de descumprimento desses limites, o RGF conterá as medidas corretivas para reconduzir os índices aos limites legalmente fixados. Além disso, o RGF do terceiro quadrimestre apresenta os demonstrativos da disponibilidade de caixa no final do exercício e dos valores inscritos em restos a pagar, destacando-se os processados e os não processados, que permitirão aferir se no último ano de mandato houve capacidade financeira para honrar com as despesas processadas, exigência estabelecida pela Lei de Responsabilidade Fiscal.

Capítulo 4

Inovação da gestão orçamentária

Neste capítulo, veremos algumas experiências recentes associadas ao processo de planejamento e execução orçamentária, voltadas para o aprimoramento da gestão orçamentária e dos processos de controle e avaliação. Lembrando que não pretendemos aqui esgotar o assunto, tampouco estabelecer relevância para os casos apresentados, mas apenas ilustrar a importância dos casos escolhidos como iniciativas brasileiras para o processo de aperfeiçoamento do orçamento público no Brasil, alguns dos quais inspiraram o desenvolvimento de experiências semelhantes em outros países.

Gestão orçamentária

No campo da gestão pública e, particularmente, da gestão orçamentária, não há um modelo único a ser seguido, sendo que cada um deles expressa diferentes concepções sobre a participação do Estado na economia. No entanto, os casos apresentados a seguir expressam a visão da importância do Estado no resgate dos direitos de cidadania. Ilustram também um modelo gerencial que pressupõe o fortalecimento do papel estratégico do Estado como indutor e formulador de políticas públicas para a promoção do desenvolvimento econômico e social, mediante a utilização racional dos recursos públicos a partir do aprimoramento dos instrumentos de planejamento e controle da execução orçamentária, compatível com a máxima de "fazer mais com menos recursos".

Essa questão ganhou nova relevância nos últimos anos diante da situação econômica e social brasileira no contexto internacional: a crise do "*welfare state*" na Europa tem gerado manifestações da população de vários países diante das medidas de corte de gastos públicos que, na prática, representam uma perda parcial dos direitos sociais conquistados. No Brasil, entretanto, houve um processo de inclusão e mobilidade social como decorrência da adoção de políticas econômicas que promoveram a expansão do mercado interno e enfrentaram os efeitos da restrição da economia internacional sobre o nível interno da atividade econômica.

Princípio da transparência e controle da gestão pública

A análise do processo de redemocratização do país não pode ser feita sem considerar as transformações ocorridas ao longo da década de 1980. O fortalecimento dos movimentos sindical e popular foi materializado na Constituição de 1988 e, desde então, a participação da comunidade está presente como requisito na formulação das políticas públicas na área social. Foi nesse contexto que muitas administrações municipais desenvolveram uma metodologia de discussão da proposta orçamentária com a população.

A experiência ocorrida na cidade de Lages, na gestão do prefeito Dirceu Carneiro, constitui o embrião do que ficou conhecido como "orçamento participativo".

> **ORÇAMENTO PARTICIPATIVO**
>
> Forma de gerenciamento do orçamento público baseada no envolvimento direto das comunidades atingidas nas decisões sobre a alocação dos recursos e no estabelecimento de prioridade de gastos.

Gradativamente esse processo se generalizou até que a participação da comunidade transformou-se em preceito constitucional para a formulação das políticas públicas de cunho social, mas o grau e a forma dessa participação, na maioria dos casos, dependiam da vontade política do gestor. A dificuldade inicial residia tanto na abertura dos canais de participação para a comunidade por parte dos governantes como na capacidade de apropriação desses espaços por parte da comunidade. Apesar das dificuldades, as experiências de participação da comunidade nos processos de elaboração do orçamento e de fiscalização da execução das políticas públicas se multiplicaram pelo país. Destaquem-se, nesse sentido, as experiências, principalmente no final da década de 1980, das prefeituras de Porto Alegre – a maior referência a partir de 1989 –, Santo André e Diadema, entre outras.

FIGURA 18: ORÇAMENTO PARTICIPATIVO EM PORTO ALEGRE

Fonte: <www2.portoalegre.rs.gov.br/smgl/default.php?p_secao=86>. Acesso em: 19 jul. 2012.

Vale ressaltar que a experiência brasileira do orçamento participativo foi disseminada para outros países, conforme ilustram os exemplos das figuras 19 e 20, sendo que a Prefeitura de Nova York ressalta a importância pioneira da Prefeitura de Porto Alegre nesse processo, que passou a ser adotado desde então por várias cidades de países da América Latina, Europa, Ásia e África. Segundo Bava (2011), atualmente o orçamento participativo está presente em cerca de 13.500 municípios do mundo.

FIGURA 19: ORÇAMENTO PARTICIPATIVO EM NOVA YORK

Fonte: <www.participatorybudgeting.org/>. Acesso em: 19 jul. 2012.

FIGURA 20: ORÇAMENTO PARTICIPATIVO EM LISBOA

Fonte: <www.cm-lisboa.pt/op/?idc=85>. Acesso em: 19 jul. 2012.

A institucionalização da participação da comunidade no Brasil se deu com a promulgação da Lei Complementar nº 101/2000, a Lei de Responsabilidade Fiscal: a realização de audiências públicas, no mínimo, durante o processo de elaboração, pelo Poder Executivo, e de discussão e aprovação, pelo Poder Legislativo, dos planos, orçamentos etc. tornou-se mandamento legal, ou seja, não se tratava mais da vontade política do governante.

As audiências públicas deverão também ser realizadas no processo de prestação de contas da gestão a cada quadrimestre, quando o Poder Executivo apresenta o Relatório de Gestão Fiscal, sendo que o do último quadrimestre evidenciará se a receita do próximo exercício ficará comprometida com obrigações de exercícios anteriores e se houve o cumprimento dos limites com os gastos de pessoal e dívida.

> **COMENTÁRIO**
>
> Convém destacar que o caminho mais rápido e seguro para que a administração pública atenda às legítimas demandas da sociedade e o faça com base nos critérios de transparência fiscal é a definição das metas de resultado que pretende atingir no exercício subsequente. Tais metas deverão estar previstas na Lei de Diretrizes Orçamentárias, que, por sua vez, deverá ter sido elaborada em consonância com as metas de resultado para o período de quatro anos, definidas no Plano Plurianual. É, portanto, nas audiências públicas que as prioridades de governo deverão ser determinadas, em total consonância com os anseios da população, para, a partir delas, serem definidas as metas.

O processo evoluiu da mesma forma que a qualidade e a magnitude da participação popular, até que, em 27 de maio de 2009, foi promulgada a Lei Complementar nº 131 (Lei da Transparência), que acrescentou dispositivos à Lei Complementar nº 101/2000, especificamente a fim de determinar a disponibilização, em tempo real, de informações pormenorizadas sobre a execução orçamentária e financeira da União, dos estados, do Distrito Federal e dos municípios.

> **COMENTÁRIO**
>
> Segundo a Lei da Transparência, todos os entes governamentais deverão disponibilizar, nos respectivos portais, não somente informações quantitativas dos valores empenhados, liquidados e pagos, mas também os respectivos processos e procedimentos licitatórios para a realização da contratação de bens, serviços e obras pelo ente público.

Da mesma forma, a transparência também deve ser observada para a execução da receita pública, com as informações sobre o lançamento e arrecadação pelas óticas orçamentária e extraorçamentária. Isto significa que, considerando os prazos escalonados estabelecidos pelo art. 73-B da Lei da Transparência, a partir de 26 de maio de 2013 todos, rigorosamente todos os entes da Federação (União, estados, Distrito Federal e 5.564

municípios) divulgarão ao pleno conhecimento e acompanhamento da sociedade, em tempo real, as informações pormenorizadas sobre a execução orçamentária e financeira, em meios eletrônicos de acesso público – Portal da Transparência.

> **COMENTÁRIO**
>
> Não se tem notícia de algum outro país que, em função de mandamento legal, dê acesso a esse conjunto de informações. Embora o texto legal seja importante, convém lembrar que ele, tomado isoladamente, não assegura a efetiva transparência fiscal. Não seria demais afirmar que se a transparência fiscal estivesse sendo cumprida, não haveria necessidade de uma nova lei complementar tratando desse tema. Da mesma forma, não seria demais afirmar que a divulgação em tempo real de informações pormenorizadas sobre a execução orçamentária e financeira em meios eletrônicos de acesso ao público, como determinado, por mais importante que seja, e efetivamente é, não assegura que a transparência foi atingida.

As questões relativas à exclusão digital, que, por si mesmas, constituem um sério problema, e a linguagem do setor público – orçamentária, financeira, sedimentada em aspectos jurídicos – constituem difícil entrave à transparência pretendida. O cidadão médio terá sérias dificuldades em entender o "Relatório Resumido da Execução Orçamentária", por exemplo, ou ainda o "Relatório da Gestão Fiscal", sem falar em todos os outros documentos que devem ser divulgados. Nesse sentido, é fundamental que cada vez mais as autoridades públicas desenvolvam mecanismos que tornem acessível a linguagem utilizada, pois sem o efetivo entendimento do que está sendo divulgado não haverá como o cidadão exercer o acompanhamento e o controle pretendidos.

Há que se considerar, ainda, a característica marcante do federalismo brasileiro, qual seja, a de que o país é formado essencialmente por pequenos municípios (81,5% deles com até 30 mil habitantes), os quais dependem, basicamente, das transferências constitucionais para poderem sobreviver.

FIGURA 21: DISTRIBUIÇÃO DOS MUNICÍPIOS POR FAIXA DE POPULAÇÃO

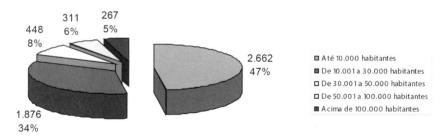

Fonte: Elaboração dos autores.

Os pequenos municípios, por dificuldades que vão desde a falta de técnicos capazes de formular adequadamente projetos e políticas públicas até a inexistência de apoio técnico para a própria execução, não têm logrado êxito nesse processo. Esse é um grande obstáculo a impedir que se alcance a transparência pretendida pela legislação. Nesse contexto, caberia ao Ministério do Planejamento, Orçamento e Gestão (MPOG) desenvolver um programa nacional de apoio específico aos municípios com até 30 mil habitantes (81,5% do total) que objetivasse desde a formação de técnicos até a adoção de recursos tecnológicos e, muito importante, sem contrapartida financeira.

> **COMENTÁRIO**
> É inadmissível, em tempos atuais, que a imensa maioria desse contingente de pequenos municípios não tenha acesso às inovações tecnológicas na área de tecnologia da informação, ficando à mercê de soluções, no mais das vezes, totalmente distantes, inclusive, das exigências legais, no que diz respeito ao processo de prestação de contas.

Considerando que algumas das políticas públicas do governo federal têm o município como seu principal executor, como é o caso do Bolsa-Família, e ainda que as ações do Programa de Aceleração do Crescimento (PAC) voltadas às áreas de saneamento e habitação também possuam essa característica, ficam absolutamente claras a necessidade e a viabilidade de uma ação coordenada e planejada institucionalmente. O custo de um programa com essas características seria plenamente compensado, no médio e longo prazos, pela adoção de um novo modelo de gestão que visasse ao aprimoramento do processo de tomada de decisões quanto à maior racionalidade da despesa pública, tendo como princípio básico o atendimento das demandas do cidadão contribuinte.

Há que se pensar, também, na possibilidade de outros arranjos institucionais, setoriais ou regionais que visem à ampliação da ação pública. Algumas experiências muito bem-sucedidas já vêm sendo levadas a efeito, principalmente após a entrada em vigor da Lei dos Consórcios Públicos. Outro bom exemplo de iniciativas de cunho regional são os "comitês de bacias", voltados especificamente para as questões relativas ao saneamento e à preservação do meio ambiente. Mas aqui também caberia uma ação coordenada pelo MPOG, identificando as melhores possibilidades e potencialidades e auxiliando na sua execução. Somente assim haveria a possibilidade do fortalecimento desses pequenos municípios como entes federativos e, por via de consequência, como espaço efetivo de afirmação da democracia econômica e de acesso à cidadania.

Inovações do PPA da União

O governo federal promoveu alterações estruturais no PPA elaborado para o período 2012-2015. O objetivo dessas alterações foi transformar o PPA em um instrumento estratégico do processo de planejamento do setor público brasileiro, permitindo que dialogue de forma integrada com os planos setoriais elaborados pelas diferentes áreas de atuação governamental, viabilizando a implementação das políticas públicas e o monitoramento dos resultados obtidos na perspectiva do atendimento às necessidades da população. Com essas inovações no PPA, o governo federal introduziu a separação radical entre a dimensão estratégica do plano e a dimensão operacional do orçamento, mediante reestruturação e criação de categorias específicas para um e outro instrumento.

Enquanto anteriormente a categoria "programas e ação" representava o elo entre PPA, LDO e LOA, a nova categorização estabelecida para o PPA é composta pelos "programas temáticos", "objetivos" e "iniciativas", sendo que a categoria "ação" tornou-se exclusiva do orçamento e passará a ter um caráter mais agregado do que atualmente, visando flexibilizar o processo de execução orçamentária.

> **BOLSA-FAMÍLIA**
>
> Programa de transferência de renda destinado às famílias em situação de pobreza, com renda mensal de até R$ 100 *per capita*. Condiciona a transferência do benefício financeiro a contrapartidas sociais que devem ser cumpridas pelas famílias, como mandar os filhos à escola e manter as vacinas em dia.
>
> **PROGRAMA DE ACELERAÇÃO DO CRESCIMENTO (PAC)**
>
> O PAC é um programa do governo federal, criado em 2007, que representa a retomada do processo de planejamento de obras públicas, tendo como prioridade o investimento em infraestrutura, sendo responsável pela realização de parcerias com estados e municípios para a realização de investimentos com o objetivo de acelerar o crescimento econômico do país.

A proposta do governo federal é que o detalhamento das despesas públicas no orçamento faça parte de um novo instrumento denominado "Plano Orçamentário", que não comporia o Projeto de Lei Orçamentária encaminhado para análise do Poder Legislativo. Em certa medida, as ações passam a representar o elo entre PPA, LDO e LOA, e a integração entre esses três instrumentos adquire a característica de complementaridade: o plano organiza a ação de governo nas dimensões estratégica e tática, enquanto o orçamento está associado à dimensão operacional.

Os novos conceitos introduzidos para garantir essa articulação foram (Brasil, 2011):

- *macrodesafios*: "diretrizes elaboradas com base no Programa de Governo e na Visão Estratégica que orientarão a formulação dos Programas do PPA 2012-2015";
- *programas*: "instrumentos de organização da ação governamental visando à concretização dos objetivos pretendidos";
- *programa temático*: "se desdobra em Objetivos e Iniciativas";

- *objetivo*: "o que deve ser feito, refletindo as situações a serem alteradas pela implementação de um conjunto de Iniciativas, com desdobramento no território";
- *iniciativa*: "entregas à sociedade de bens e serviços, resultantes da coordenação de ações orçamentárias e outras: ações institucionais e normativas, bem como da pactuação entre entes federados, entre Estado e sociedade e da integração de políticas públicas";
- *programas de gestão, manutenção e serviços ao Estado*: "instrumentos do Plano que classificam um conjunto de ações destinadas ao apoio, à gestão e à manutenção da atuação governamental, bem como as ações não tratadas nos Programas Temáticos por meio de suas Iniciativas".

Nessa perspectiva, o governo federal definiu que o PPA apresenta três dimensões: estratégica – baseada nos macrodesafios e na visão de longo prazo –; tática – baseada na necessidade de atingir os objetivos, vinculando os programas temáticos às iniciativas –; e operacional – baseada no uso racional dos recursos públicos e na qualidade dos serviços ofertados à população, cujo instrumento é o orçamento. A figura 22 ilustra a visão consolidada desse processo.

FIGURA 22: DIMENSÕES DO PPA 2012-2015

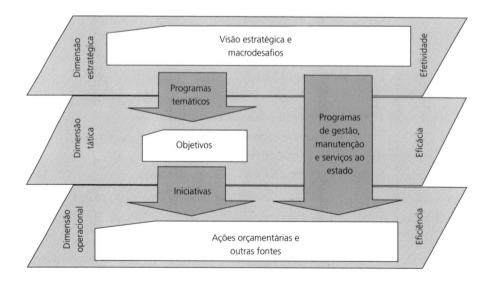

Fonte: Brasil (2011).

Essas mudanças na estrutura do PPA e em sua relação com a LDO e a LOA reforçam os seguintes princípios no processo de elaboração desses instrumentos (Brasil, 2011):

- participação social como importante instrumento de interação entre o Estado e o cidadão, com vistas à efetividade das políticas públicas;
- incorporação da dimensão territorial na orientação da alocação dos investimentos;
- valorização do conhecimento sobre as políticas públicas na elaboração dos programas temáticos;
- foco na execução das políticas públicas, reforçando a necessidade de realizar as iniciativas definidas no plano;
- estabelecimento de parcerias com os estados, os municípios, a iniciativa privada e a sociedade civil, visando à união de esforços para o alcance de objetivos comuns;
- foco na efetividade, entendida como desempenho quanto à transformação de uma realidade, que aponta mudanças socioeconômicas, ambientais ou institucionais necessárias e que deverão decorrer das políticas públicas;
- foco na eficácia, relacionada com a dimensão tática do Plano, entendida como a incorporação de novos valores às políticas públicas e a entrega de bens e serviços ao público correto, de forma adequada, no tempo e no lugar apropriados;
- aperfeiçoamento das diretrizes para uma alocação orçamentária mais eficiente na priorização dos investimentos.

Inovações no orçamento da União

Conforme citado, o governo federal introduziu o instrumento "Plano Orçamentário" para o detalhamento das despesas públicas no orçamento. Esse instrumento não fará parte do Projeto de Lei Orçamentária encaminhado para análise do Poder Legislativo, o que, em certa medida, representa uma contradição em relação ao conjunto de iniciativas governamentais em prol do controle social e da transparência adotados nos últimos anos, mas possibilita agilizar a gestão orçamentária para o atendimento mais rápido às necessidades da população.

O Plano Orçamentário (PO) está vinculado à tradicional categoria "ação" – projetos, atividades ou operações especiais – e foi criado com o objetivo de garantir a elaboração, o monitoramento e a avaliação física e financeira da execução orçamentária com mais precisão e detalhamento mediante a redução do número das ações orçamentárias existentes, possibilitando identificar (Brasil, 2012:44-45):

- produção pública intermediária: quando identifica a geração de produtos ou serviços intermediários ou a aquisição de insumos utilizados na geração do bem ou serviço final da ação orçamentária [...];

- etapas de projeto: quando representa fase de um projeto cujo andamento se pretende acompanhar mais detalhadamente. Não haverá obrigatoriedade de todos os projetos a serem detalhados em POs. No entanto, haverá um campo no Cadastro de Ações, marcado pela SOF, indicando caso haja obrigatoriedade [...];
- mecanismo de acompanhamento intensivo: quando utilizado para acompanhar um segmento específico da ação orçamentária [...].

Desta forma, o processo de elaboração do Projeto de LOA 2013 da União contará com uma revisão das ações orçamentárias utilizadas até o ano passado, caracterizada pela redução do número de ações como decorrência da agregação de várias delas, com o objetivo de:

> evidenciar no orçamento, no que concerne a atividades e projetos, somente as que entregam produtos e serviços "finais" à sociedade ou ao Estado, minorando assim o alto grau de pulverização das programações orçamentárias existentes [Brasil, 2012:67].

Essa medida é compatível com a premissa apresentada pelo governo federal de enfatizar a finalidade do gasto para a população, além de aprimorar o processo de monitoramento e avaliação. Contudo, também serão apresentadas as ações que geram produtos intermediários e insumos estratégicos e as operações especiais. De um lado, o PPA tornou-se um instrumento de natureza estratégica do processo de planejamento do setor público, evidenciando o compromisso do gestor com a oferta de bens e serviços públicos capazes de satisfazer às necessidades da população, na perspectiva dos compromissos assumidos no plano de governo. De outro lado, a LOA representa a dimensão operacional do plano, ou seja, a execução orçamentária das ações de governo nos termos requeridos pela legislação orçamentária e financeira, mas imprescindível para que a população tenha sua necessidade satisfeita: afinal, nada poderá ser feito sem programação orçamentária e nenhuma despesa pública poderá ser realizada sem o prévio empenho, o que pressupõe a devida programação orçamentária.

Bibliografia

ALVES, Márcio Moreira. *A força do povo*: democracia participativa em Lages. São Paulo: Brasiliense, 1980.

BAVA, Silvio C. A cooperação internacional brasileira. *Le Monde Diplomatique Brasil*, ano 5, n. 52, nov. 2011. Disponível em: <www.diplomatique.org.br/editorial.php?edicao=52&PHPSESSID=783f390a86b77e63ab5f936290be057a>. Acesso em: 19 jul. 2012.

BRASIL. Ministério do Planejamento, Orçamento e Gestão. Secretaria de Planejamento e Investimentos Estratégicos. *Orientações para elaboração do Plano Plurianual 2012-2015*. Brasília, DF: MPOG, 2011.

_____. Ministério do Planejamento, Orçamento e Gestão. Secretaria de Orçamento Federal. *Manual técnico de orçamento (MTO)*. Versão 2013. Brasília, DF: MPOG, 2012. Disponível em: <www.dpo.unb.br/documentos/MTO_2013_1.pdf>. Acesso em: 15 jan. 2013.

FUNCIA, Francisco R. Condicionantes fiscais das políticas municipais. In: ALVES, Luis Roberto; CARVALHO, Marcelo (orgs.). *Cidades*: identidade e gestão. São Paulo: Saraiva, 2009.

O'CONNOR, James. *USA*: a crise do estado capitalista. Rio de Janeiro: Paz e Terra, 1977.

OLIVEIRA, Ronaldo B. *Gestão de custos e avaliação de política públicas*. São Paulo: FGV Projetos, 2009. (Texto para discussão interna.)

VIGNOLI, Francisco H. Legislação e execução orçamentária. In: ARVATE, Paulo R.; BIDERMAN, Ciro (orgs.). *Economia do setor público no Brasil*. Rio de Janeiro: Campus, 2004.

_____ et al. *A Lei de Responsabilidade Fiscal comentada para municípios*. São Paulo: FGV, 2002.

_____; FUNCIA, Francisco R. Responsabilidade fiscal e orçamento público: em busca da transparência e do controle da gestão pública. In: LIMA, Maria Lúcia Pádua (coord.). *Agenda contemporânea*: direito e economia – 30 anos de Brasil. São Paulo: Saraiva, 2012. t. 3.

Sobre os autores

Francisco Humberto Vignoli é graduado em administração pública e mestre em economia aplicada à administração pela Escola de Administração de Empresas de São Paulo da Fundação Getulio Vargas. Desde 1994 é professor do Departamento de Planejamento e Análise Econômica – PAE (Eaesp/FGV). Foi professor do Departamento de Economia da Faculdade de Economia e Administração – FEA/PUC (1987-2003). Foi professor, chefe de departamento e coordenador do Curso de Economia e Administração da FEA/Universidade São Francisco de Assis (1979-1985). Foi secretário de Finanças da Prefeitura Municipal de Santo André (1989) e da Prefeitura Municipal de Diadema (1993-1996) e assessor do Grupo de Planejamento Central da Secretaria de Agricultura do Estado de São Paulo (1985-1986). Foi diretor do Departamento de Licitações e Materiais da Prefeitura Municipal de São Bernardo do Campo (1990-1992). Na FGV Projetos tem uma vasta experiência em consultorias no setor público nas áreas orçamentária, financeira, tributária, planejamento governamental e saneamento, saúde pública, entre outras.

Francisco Rózsa Funcia é graduado em ciências econômicas e mestre em economia política pela Pontifícia Universidade Católica de São Paulo. Desde 1996 é professor da

Universidade Municipal de São Caetano do Sul – USCS –, tendo sido diretor dos cursos de Economia e Ciências Contábeis no período de março de 2008 a março de 2013. É professor do Instituto Mauá de Tecnologia desde fevereiro de 2013. Foi secretário de Finanças da Prefeitura Municipal de Ribeirão Pires (1998-2004), assessor técnico da Saneamento de Mauá – Sama (1997-1998), assessor técnico da Secretaria de Finanças do município de Diadema (1993-1996) e assessor técnico da Secretaria de Saúde do município de São Bernardo do Campo (1989-1992). Na FGV Projetos tem uma vasta experiência em consultorias no setor público nas áreas orçamentária, financeira, planejamento governamental e saúde pública, entre outras.

Impresso nas oficinas da
SERMOGRAF - ARTES GRÁFICAS E EDITORA LTDA.
Rua São Sebastião, 199 - Petrópolis - RJ
Tel.: (24)2237-3769